D0864017

DÉCOUVREZ VOTRE ASCENDANT

VERSEAU

LES ÉDITIONS QUEBECOR
une division de Groupe Quebecor inc.
7, chemin Bates
Bureau 100
Outremont (Québec)
H2V 1A6

Distribution : Québec-Livres

© 1988, Les Éditions Quebecor
© 1992, Les Éditions Quebecor, pour la réédition
Dépôt légal, 2e trimestre 1992

Bibliothèque nationale du Québec
Bibliothèque nationale du Canada
ISBN 2-89089-475-4
ISBN 2-89089-891-1

Coordonnatrice à la production : Sylvie Archambault
Conception et réalisation graphique de la page
couverture : Bernard Langlois
Maquette intérieure : Bernard Lamy et Carole Garon

Impression : Imprimerie l'Éclaireur

JACQUELINE AUBRY

DÉCOUVREZ
VOTRE
ASCENDANT

VERSEAU

Les Éditions Quebecor

PRÉFACE

Plus facile d'écrire un article que de préfacer le livre d'une femme que l'on aime «presque» inconditionnellement.

Je dis «presque» parce que nul n'est parfait et que l'adoration béate n'est pas à mes yeux une relation saine. Que dire d'elle ? Que dire de son travail ? de ses livres ? si ce n'est qu'elle fait tout pour l'amour qu'elle porte à la race humaine qu'elle perçoit à travers la lorgnette des 12 signes astrologiques.

Tel l'alchimiste devant ses fioles, la carte du champ des étoiles étalée devant elle, elle récupère le jeu des forces de l'individu pour s'en faire une énergie qui passe par sa pensée dans l'écriture.

Dans cette recherche de l'immédiat, notre astrologue retrouve ce lien d'intensité qui la guidera vers l'autre, vers une pensée authentique... ou vers une pensée sauvage. Tout le monde n'a pas les mêmes balises, les mêmes priorités, les mêmes aspirations. Et rien n'est l'effet du hasard. Quelqu'un n'a-t-il pas dit quelque part qu'un éternuement à un bout de la planète peut provoquer un tremblement de terre à l'autre bout.

Pendant la guerre du Golfe, l'année dernière, l'éternuement s'était produit, il suffisait d'attendre le tremblement de terre. Jacqueline avait dit qu'il se produirait le 17 et non le 15 janvier comme tout le monde s'y attendait. La lune, disait-elle, était en carré Vénus, carré Saturne, carré Mercure, carré Neptune. Ciel chargé, aspects négatifs.

Bref, ce 17 janvier, j'étais de garde à Radio-Canada à l'émission d'information pour laquelle je travaille. Et je surveillais le fil de presse et les écrans de télévision. J'avais blagué avec mes collègues en leur disant que je préférais ne pas rentrer à la maison puisqu'il allait falloir revenir et travailler, que ce soir était le grand soir, mon astrologue me l'avait prédit.

À 00h 00 GMT, en début de soirée à Montréal, la Maison Blanche annoncait que l'opération «Tempête du désert» pour la libération du Koweit avait débuté.

Au cours des jours qui suivirent, nous avions du pain sur la planche. Nous travaillions si fort et pendant de si longues heures que chaque fois que je voulais prendre une pause de quelques minutes, j'appelais Jacqueline et lui faisais le bilan du déroulement de la guerre. Elle me décrivait dans son vocabulaire les événements qui allaient se produire à travers la carte du ciel de Saddam Hussein, celle du président Bush et des planètes régissant les pays impliqués. J'étais sidérée par la compréhension qu'elle avait des événements qui se déroulaient dans le Golfe, d'autant plus que je connaissais pertinemment le peu d'intérêt qu'offrent les nouvelles aux yeux de Jacqueline.

«Ce sont toujours de mauvaises nouvelles, je préfère ne pas les regarder», répète-t-elle souvent.

Elle me disait sans cesse au début du mois de janvier que la guerre se transformerait en une Guerre mondiale, parce que, croyait-elle, on va prendre cette guerre comme alibi pour détourner l'attention vers un autre pays ciblé. Dès le 18 janvier, Israël recevait son premier missile Scud. Jacqueline disait que cette guerre allait faire rejaillir de vieilles querelles et que des populations entières se retrouveraient loin de chez elles.

Que le monde entier serait bouleversé après cela... que des amitiés entre peuples allaient refaire surface et qu'il y aurait un retour aux valeurs spirituelles dans de nombreuses parties du globe. Faute de pain, on met son espoir en Dieu.

Le 24 janvier, Jacqueline, qui trouvait un intérêt particulier à cette guerre, m'appelait pour me dire qu'il y aurait un événement qui se produirait sur l'eau dans les prochains jours. On salit la planète par vengeance, m'informait-elle. Ça allait être affreux. La lune était en capricorne et Jupiter en cancer (l'eau) et comme Mars était en Sagittaire, ça allait se répandre. Et Saddam Hussein ne s'en tiendrait pas là; il allait recommencer une autre fois.

Le 25 janvier, Washington et Ryad accusaient l'Irak de déverser d'énormes quantités de pétrole dans le Golfe provoquant ainsi une très grave marée noire.

Le 30 janvier : annonce d'une seconde marée noire au large de l'Irak...

Là, la Lune était en Poissons carré Mars. La Guerre par l'eau.

Cruellement, c'est dans les guerres que les peuples, que les gens se révèlent le mieux. C'est dans ses réflexions sur la guerre, sur les civils qui se faisaient massacrer que Jacqueline me dévoilait son propre attachement à la vie, aux éternels recommencements provoqués... de ces éternels recommencements annonciateurs d'une certaine plénitude de l'être.

N'empêchons pas le mouvement. S'il n'a pas lieu, n'empêchons pas l'idée du mouvement.

J'ai des cahiers pleins de notes sur les prédictions des différents mouvements engendrés dans divers pays, autant que sur les bouleversements causés dans ma propre vie. Si un jour quelqu'un trouvait ces cahiers, il s'amuserait assurément à départager les événements collés à l'actualité des prédictions mondiales de Jacqueline ainsi que ses réflexions personnelles sur mes amis, enfants, amours...

L'éclatement de l'URSS fut prédit par Hélène Carrère d'Encausse il y a dix ans dans son livre «l'Empire éclaté». Elle est politicologue.

Dans son jargon astrologique (que je ne comprends qu'à travers les archétypes de Jung : lectures qui ont accompagné mon adolescence), Jacqueline m'expliquait, elle, que la Russie, le pays du Verseau, ne serait plus cette année ce qu'il était. Elle ne voyait que chaos et désordre. Qu'il y aurait de nombreux petits pays qui se formeraient et que de plus en plus de populations crèveraient de faim pendant des années.

Mais laissons de côté les pays, la guerre, les idées alarmistes pour se tourner vers vous, les lecteurs de ce livre...

Si vous tenez ce livre entre vos mains, c'est déjà un bon signe. C'est que vous vous intéressez au moins à votre propre naissance. Il y a donc de l'espoir. C'est toujours terré dans un coin, loin des autres, que l'on se pose les questions : Qui suis-je ? Où vais-je ? Et comment et avec qui y aller ? Si l'on pouvait au moins trouver une interprétation à certains archétypes permanents, l'on pourrait se concentrer sur les rapports analogiques entre les êtres, les choses, les étoiles et retrouver celle qui doit guider la plupart d'entre nous... notre bonne étoile.

Mais comment se retrouver dans les ramifications à perte de vue de ce fil qui rattache notre monde — le réel — aux configurations célestes ?

Comment se retrouver dans les faux miroirs ? Puisque la vie est autre que ce que l'on écrit. Parce que l'écriture peut être trompeuse lorsqu'elle provoque une certaine idéalisation des événement. L'écriture caricature, mais elle est aussi liberté.

C'est ce désir de liberté qui sommeille au fond de chaque signe qui vous sera extirpé dans ce livre, ce désir de se voir dans un miroir non déformant, de se voir Être dépouillé de tout mensonge, de brefs éclats du miroir perdu à la recherche ne serait-ce que... d'une parcelle de vérité.

Comme si le monde allait de lui-même se restituer en un monde d'équilibre des ressources, des avoirs, des forces de construction d'un monde nouveau. Le prochain siècle s'inscrira peut être sous le signe des valeurs universelles... Après tout, ce sont ces valeurs qui assurent la permanence.

Ce livre s'adresse à chacun des signes, leurs ascendants et veut aussi créer ce rapport analogique que recherchent les gens seuls à la recherche d'un être qui leur soit sous presque tout rapport apparié. Peut être permettra-t-il à certains d'entre vous de chasser les vieux fantômes restés enfouis dans vos vieilles cellules ? Peut être vous permettra-t-il également de constater la vraie vie absente comme aussi l'absence de l'autre...

Le couple constitue une des plus grandes forces... le couple n'est-ce pas la force individuelle décuplée ?

Seuls, nous ne pouvons pas grand-chose.

Evelyne Abitbol

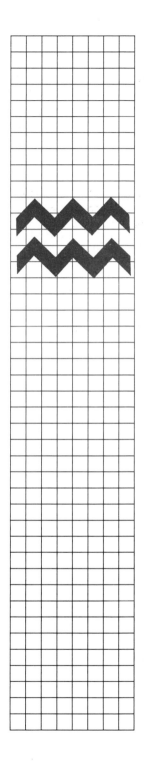

VERSEAU

À Marlyse McCormick qui vit au loin, nos pensées nous gardent près l'une de l'autre. Je ne puis malheureusement pas reproduire sous quelque forme que ce soit nos communications télépathiques. À Lucie Pinsonneau, Lyne Daudelin, Mario Pépin, Michel Di Grégorio, Marie-Hélène Gauthier, Isabelle Hardy, Michel Vaïs, Guy Lachance, Roger Gosselin, Colette Rivard... il y en aurait pour deux et même trois pages de ces Verseau que l'on n'oublie jamais et qui réapparaissent le jour où vous vous y attendez le moins, mais celui où vous avez le plus besoin d'eux. À la mémoire de Jacques Beauchamps... souvenirs de ses délicatesses, gentillesses, de ses sourires et ses encouragements...tout ça reste bien vivant en moi.

VERSEAU, signe masculin.
Il est le onzième signe du zodiaque.
Il est la onzième maison.
Il dit NOUS NOUS AIMONS.
Il est un signe d'air.
Il est un signe fixe.
Il représente le milieu de l'hiver.
Ses planètes sont Uranus et Saturne.
Fonctions physiques: cheville, mollets.

VERSEAU

Voici la personne la plus bizarre du zodiaque! Elle est électrique, magnétique, excentrique! Elle est intellectuelle, spirituelle, universelle! Elle est altruiste, anticonformiste, idéaliste!

Mais ça ne va pas toujours rimer comme ça! Le Verseau n'est pas un signe animal, il s'en défend bien. Il pense. Il a une vision très large du monde et il accepte tous les humains! C'est un esprit d'avant-garde qui est souvent mal compris. Il sait parfois longtemps à l'avance, il pressent et raisonne la conséquence de tel ou tel acte dans une situation donnée. Donc, le sachant à l'avance, il a la capacité de provoquer ce qu'il veut bien voir se produire.

Mais on ne peut pas tout prévoir. Né sous le signe d'Uranus, la planète des chocs, plus d'un se voit un jour confronté à l'inattendu. Au fond, chacun aime ça, ça lui permet de mettre son intelligence, sa raison au défi.

Il n'est pas conventionnel même s'il s'habille comme tout le monde. Il essaie de passer inaperçu! Il aime la liberté, il agit selon ce qui lui plaît! Il tient à son indépendance d'esprit. Il ne faudrait surtout pas tenter de limiter ce signe d'air. Avez-vous déjà essayé d'emprisonner un courant d'air?

Il aime généralement le monde, la foule. Ce qu'il préfère par-dessus tout, c'est d'être au-dessus! Il ne se rend généralement pas compte à quel point il dicte la vie de ceux qui l'entourent. Il fait de l'ordre, le sien. Si c'est bon pour lui, c'est bon pour tout le monde! Il est bien rare de trouver des Verseau qui aient une vie privée heureuse. Ils n'ont pas vraiment de temps à accorder à une aussi petite communauté. Il préfère le vaste monde. Il révolutionne, rénove, transforme un système, l'améliore. Il dessert la masse. Il pense à sa place. Il a d'ailleurs cette faculté de le faire, de sentir ce qu'il lui faut pour son mieux-être, pour qu'elle se développe économiquement, intellectuellement. Il lui arrive d'être mal reçu parfois: on ne sera prêt que dans vingt ans. Il lui arrive comme on dit «d'aller plus vite que le temps»!

Si vous tenez à un Verseau, aimez ses amis, recevez-les aussi. Partagez ses fantaisies, ses idéaux, mais surtout, si vous voulez garder son respect et son attention, ne changez pas votre projet de vie pour lui, ne bâtissez pas votre vie sur ses rêves à lui mais bel et bien sur les vôtres, ceux auxquels vous avez cru avant de le connaître.

Le Verseau est un signe masculin. Aussi l'homme de ce signe est-il plus à l'aise que la femme du même signe. L'homme est plus sûr de lui, et pour certains, cela peut aller jusqu'à l'arrogance! La femme est le plus souvent plus timide, ou du moins plus délicate dans ses approches avec autrui. Elle fait l'effort de comprendre et d'accepter que nous ne sommes pas tous Verseau et que les idées rénovatrices doivent être présentées avec souplesse pour être acceptées.

J'ai plusieurs de ces originaux dans ma vie. Paul Michaud, ineffable personnalité, a toujours quelque chose à dire, une idée nouvelle. Il peut être aussi comique que tragique, il passe du sérieux à la fantaisie en un rien de temps. Quand je discute avec lui j'ai parfois l'impression qu'il ne m'écoute pas, mais hop! surprise! il a tout capté de mon discours! Ça, ça ressemble au Verseau. Pendant que vous lui parlez, il réfléchit à autre chose mais il n'a rien perdu de la conversation! Paul Michaud, que plusieurs connaissent par la bijouterie CM Michaud, est plus qu'un joaillier. Vous seriez fort surpris de l'entendre jouer du piano. Paul est un autre de ces Verseau aux multiples talents. Comme d'autres de son signe, il ne se surprend de rien, tout est possible et toute expérience, quelle qu'elle soit, en est une de plus à ajouter au crédit de sa vie: à refaire ou à ranger aux oubliettes! Il a une large ouverture d'esprit et son intelligence, sa vivacité d'esprit me fascinent toujours, et depuis plusieurs années déjà.

Micheline de Rocca, maquilleuse à Télé-Métropole, ainsi que Clara: quand elles ne sont pas en service, il manque d'air au maquillage, c'est plus silencieux. Elles sont toutes deux fascinantes par leur façon d'exprimer leurs sentiments, leur visions du monde. Largesse d'esprit, acceptation de toutes les différences, désir de vivre différemment, c'est ce qu'elles font et croyez-moi elles n'ont pas eu une vie ennuyeuse. Elles ont pris des risques, y ont retenu une leçon ou un cadeau de la vie. La vie sans l'aventure, qu'est-elle et qu'aurait-on alors à raconter à ses petits-enfants s'il ne s'était rien passé?

J'ai un bon ami avocat, Jean-Pierre Hébert, qui rêve d'être écrivain, il se lancera certainement un jour. Il vit hors du temps, plongé dans les bouquins. J'aime discuter avec lui, il a une grande ouverture d'esprit, il est tolérant et, naturellement, il n'a pas eu une vie ordinaire. En fait, je ne connais pas de Verseau qui n'aient pas vécu quelque chose de vraiment pas comme les autres. Dans la vie, il s'embarquent, s'impliquent, et si un jour ils doivent en sortir, ils en sortiront, voilà comment ils voient les choses. Ils les vivent intensément. Pour eux, hier c'est oublié, demain c'est déjà pensé, mais l'avenir, l'espace, le grand espoir est toujours là en eux.

En présence du Verseau vous avez le droit d'être imaginatif, marginal, il ne se scandalise de rien. Plus vous êtes différent, moins il vous reconnaît, plus ça leur plaît, c'est-à-dire que vous leur offrez alors une perspective différente et ils aiment ça. Ça fait travailler leur cerveau! J'aime bien me trouver avec eux, c'est toujours la fête, l'excès, et je dois vous avouer que l'excès ça me connaît. Des Verseau m'ont dit que je battais leur record, pas possible! Quand je reçois dix personnes, il y en a pour vingt; quand je m'achète des vêtements, je défonce mon budget; quand je travaille, je dépasse le temps, j'en perds la notion; quand je m'amuse c'est pareil! Quand je fais des cadeaux à mes enfants, je me dis que je vais m'arrêter à telle somme d'argent ou à tel nombre de boîtes à emballer, mais croyez-moi, je trouve toujours quelque chose de plus, de plus beau à leur offrir et je ne résiste pas. J'évite l'alcool au cas où je tomberais dans l'excès là aussi. Ça m'est déjà arrivé, et les lendemains avec un mal de tête terrible ne m'intéressent pas du tout.

J'ai une bonne amie Verseau, nous n'avons pas beaucoup de temps pour nous voir, elle est danseuse, peut-être la connaissez-vous? Marlise McCormick. Quelle femme extraordinaire! C'est un véritable génie, elle danse, chante, écrit, monte des spectacles, fait des tournées, dirige une école de danse et elle rit! Quand nous nous voyons, c'est simple, nous reprenons la conversation là où nous l'avions laissée. Elle a régulièrement la délicatesse de m'envoyer un petit mot pour me dire qu'elle est là ou ailleurs et que très bientôt nous prendrons un café ensemble, et si toutes les deux nous avons congé le lendemain, nous

nous offrirons une bouteille de champagne! Pour le champagne, jusqu'ici, depuis trois ans, ni l'une ni l'autre n'a eu le temps! Nous nous épargnons en fait un moment d'excès et notre foie en bénéficie.

Il y a Micheline Dastout que vous connaissez à travers l'émission de Marguerite et Compagnie à Quatre Saisons. Micheline enseigne le baladi. Quelle femme aussi! Il faudrait la voir dans ses vêtements de ville. Si jamais elle me dit qu'elle tente d'être discrète alors là je tomberai à genoux! Elle est Verseau de la pointe des orteils jusqu'au bout des cheveux. D'abord le baladi c'est vraiment une danse originale par rapport à notre monde occidental! Il fallait bien un Verseau pour nous persuader de son efficacité autant sur le plan mental que physique et moral. C'est une femme dynamique, souriante, sociable et pleine d'esprit, créative, inventive. On ne s'ennuie pas avec elle, elle ne manque pas d'humour non plus.

La petite amie de mon fils, Julie, une autre Verseau, qui, bien qu'elle soit jeune, est tout à fait remarquable par son esprit original, son audace et sa capacité de comprendre le monde adulte! J'ai toujours du plaisir à la recevoir chez moi. Il y aura de l'action soyez-en certain! Elle s'affirme et c'est très bien comme ça! Là où ça va moins bien, c'est quand, en bon Verseau qu'elle est, elle tente d'imposer quelque chose à mon fils qui en tant que Lion ne reçoit aucun ordre et peu de conseils! Fort heureusement, ils sont familiers avec l'astrologie et ils se traitent de «espèce de Verseau» ou, d'un autre point de vue, de «espèce de Lion». Et le respect des forces s'installe, un moment de silence aussi.

Je connais plusieurs jeunes du signe du Verseau. Ils sont vivants, audacieux, et pleins d'espoir, tous prêts à réformer le monde. Pourvu que les parents ne leur enseignent pas ce genre de prudence qui ne mène qu'à la peur d'être et de s'affirmer! Il y a encore des parents qui freinent la créativité de leurs enfants; ils finissent par être les perdants et, au bout du compte, ils s'en font plus que les autres. De toute façon, avoir un enfant Verseau c'est avoir mis au monde un être libre, et si vous tentez de le limiter vous n'obtiendrez que de la révolte! Un jeune Verseau peut devenir anarchique si on ne cesse de lui dire que parce qu'il ne pense pas comme tout le monde il est à côté de la «track»!

Un Verseau n'est jamais ordinaire, même s'il tente de vous le laisser croire. Il a toujours, dans sa vie, une histoire qui ne ressemble à rien de ce que vous connaissez. Je n'aurai pas l'indiscrétion de vous raconter la vie des Verseau dont il a été fait mention plus haut, mais je puis vous assurer qu'il y a de quoi écrire plusieurs romans! Et des *best-sellers* à part ça!

Une autre amie, Ginette Déziel, une autre femme pas comme les autres. Elle est propriétaire d'une piscine et enseigne aux enfants à nager, et plus spécialement à ceux qui ont peur de l'eau. Voilà un commerce plutôt original et un véritable défi à relever. Elle est également très impliquée dans les médecines douces, et tout ce qui peut sauver l'humanité de ses maux. Femme d'une grande intelligence, sensibilité à fleur de peau, il faut être astrologue ou très intuitif pour la deviner. Tout a l'air de passer par la raison. Je ne vais pas vous raconter sa vie, encore une qui ne ressemble pas à celle de personne d'autre. Les indiscrétions pourraient me coûter cher!

Des personnes m'ont fait de nombreux commentaires sur le Verseau. Ils sont, dit-on, difficiles à comprendre, ils ne semblent pas présents, ils sont fugitifs. En fait, si vous n'êtes intéressé que par vos problèmes personnels, vous ne les intéressez que très peu. Si vous leur parlez d'un mouvement que vous avez l'intention de lancer, qui transformera une classe de la société, si vous leur apportez une vision nouvelle de l'humanité, alors ils seront attentifs. Si vous leur parlez de ce que vous faites et non pas de ce que vous êtes et ressentez, vous les captivez. Ces gens du Verseau respectent la force, spécialement la force de cohésion entre les humains que vous êtes capable de provoquer. Si vous tentez de faire pitié devant eux, vous venez alors de perdre l'attrait que vous exerciez au départ.

Nous avons un Verseau dans la famille, Mario Pépin. Ma mère l'a pris en charge quand il avait treize ou quatorze mois. Il a maintenant vingt-sept ans. Aujourd'hui, il habite Vancouver, il voyage, il monte en grade dans l'armée. Il ne m'en voudra pas de dire que de l'indiscipliné qu'il était, il est devenu un être bien équilibré, sûr de lui, avec une vision bien particulière de l'armée. Il passe là où tout le monde recule, ou là où le soldat doit attendre, lui, il étudie, se spécialise, il monte. Ses projets d'avenir sont nombreux et intéressants. Il lui arrive de me téléphoner de l'autre bout du monde, juste pour dire bonjour, à chaque fois on reprend la conversation là où nous l'avions laissée. Comme à travers la distance qui nous sépare, le temps qui passe, nous restons en étroite communication, comme si l'onde entre nous voyageait, nous atteignait, elle nous parle à l'insu même de la raison, de la logique. Je le considère comme mon frère et chacun de nous le voit ainsi dans la famille. Sans nul doute que dans une autre vie il était vraiment un frère... puisque c'est sans effort de sa part et de la part de chacun qu'il a pris racine dans notre famille. Il est fidèle à notre esprit familial, notre clan comme le disent certains amis, mais il a besoin d'espace, de liberté face à cette même famille pour s'affirmer.

Il en est ainsi pour la plupart des Verseau, ils se réalisent loin de leur clan initial, mais ils y reviennent parce qu'ils en conservent toujours les bons souvenirs, les autres, ils les ont effacés de leur mémoire. Chose encore étrange et qui relève du Verseau, Mario est amoureux de la même femme depuis son adolescence, soit depuis ses seize ans, et malgré la distance qui les sépare, comme il le dit, «je me sens près d'elle, je ne m'en sens pas séparé et je n'ai pas besoin de la proximité pour me sentir proche!» C'est aussi une femme tout à fait spéciale qui peut accepter de vivre ce genre d'amour: elle est Poissons et comme celui-ci a l'infini devant lui, l'avenir ça ne veut rien dire. Le Poissons est d'ailleurs le seul signe que le Verseau n'arrivera jamais à contrôler ou à manipuler, parfois même à comprendre rationnellement! Avec les autres il réussit à le faire, ce n'est pas à vie, mais il peut y arriver pendant un bon moment avant que l'on rejette sa «dictature».

Je discutais avec un ami Gémeaux, peu de temps avant d'écrire ces lignes, et il me demandait comment il fallait faire la conquête d'un Verseau? Le laisser libre, ne rien changer à sa propre vie. Ne pas rompre avec ses amis. Ne pas attendre son coup de téléphone. Garder ses propres opinions idéologiques ou politiques. Ne pas songer à se mettre en ménage avec lui. Surtout éviter le mariage et, finalement, adopter comme chanson matinale sous la douche: «Je t'aime encore plus quand tu n'es pas là.» Histoire de se convaincre. Mais quand il reviendra de l'une de ses croisades et qu'il commencera à vouloir vous voir plus fréquemment, vous aurez alors un partenaire enthousiaste, vivant et sortant de l'ordinaire. Et ne comptez pas sur les habitudes!

L'amour dans la vie d'un Verseau ne peut se vivre comme pour beaucoup d'autres signes. Je vous l'ai dit, ils ne supportent pas la routine ou les habitudes. Il leur faut du neuf, du nouveau pour tenir leur esprit en activité et soutenir leur attention.

VERSEAU

Il arrive à de nombreux Verseau de vivre des drames sur le plan sentimental. Quand vous leur expliquez que la relation s'est terminée parce qu'ils n'étaient jamais là, ou si peu présents à l'autre, ils ne le réalisent pas tout de suite. Ils vivent dans l'abstrait. Comment se fait-il que l'autre n'ait pas compris? Ils vivent pour et dans la société, au milieu du monde, on aurait dû l'accepter. Cependant, la plupart des participants à cette roue zodiacale tiennent à vivre l'intimité et la proximité avec l'autre. Le Verseau est un humaniste, un réformateur, mais il oublie qu'à vouloir faire le bonheur de tout le monde on risque de ne pas faire le sien ni celui de ceux qui sont proches et qui tiennent à sa présence de temps à autre.

J'aime la compagnie des Verseau, elle est un défi à l'intelligence, ils stimulent la créativité. Si vous êtes leur ami un jour, vous l'êtes pour toujours. Bien qu'il ait l'air d'oublier, un courant d'air ne s'installe pas, il reste fidèle à ce qu'il connaît d'agréable en vous, et il revient. De temps à autre, il descend du ciel, fait un arrêt sur terre pour demander comment ça va? Et si vous avez réglé le dernier problème que vous aviez. Vous serez surpris car, même après deux, trois ou dix ans d'absence, il est capable de reprendre le fil de l'histoire. Pas besoin non plus de lui donner tous les détails, il a un esprit déductif, un sens de l'observation aiguë et une perception si raffinée, si fine que vous ne pourrez rien lui cacher. Alors, inutile de le faire. De toute manière, il ne se choque de rien: dans son esprit, tout, ou presque, mérite d'être vécu.

Ses relations avec les autres signes

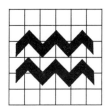 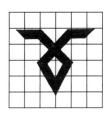

UN VERSEAU ET UN BÉLIER

Voilà un signe de feu et un signe d'air. L'air attise le feu, le feu réchauffe l'air tout comme il peut l'envahir au point qu'il devient irrespirable. Le Verseau, le moins fixe de tous les signes fixes, plaît au Bélier qui a besoin d'action, de mouvement. Il a ce petit côté dictateur contre lequel le Bélier peut se rebeller. Voilà qu'ils ont une bonne prise de becs, qu'ils se disent leurs quatre vérités et voilà aussi que ni l'un ni l'autre n'entretient la rancoeur. Le Verseau a carrément tout oublié de la scène, et le Bélier, qui est plein d'espoir, ne tient absolument pas à se souvenir! Ils font la paire. Ils sont bien ensemble. Une sorte de respect amical les anime, qui fait que leurs chemins finissent toujours par se croiser, et quoi qu'il se passe entre eux, ils ne retiennent aucun mauvais souvenir. En amour, le Verseau peut trouver le Bélier bien exigeant et le Bélier, trouver que le Verseau est trop souvent absent, mais il peuvent s'accommoder. Le Verseau étant absent, il fait abstraction des demandes du Bélier et le Bélier, vu l'absence du Verseau ne fait bien que ce qui lui plaît. Ils sont doués pour faire la fête ensemble. On peut savoir le moment où la fête commence, mais on ignore quand elle finira. Dans certains cas ça dure toute une vie!

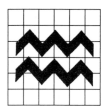 

UN VERSEAU ET UN TAUREAU

Le Taureau est signe de terre et le Verseau est signe d'air et des grands espaces sidéraux! L'un aime la stabilité et l'autre ne la supporte pas, ou si peu, le temps d'un éclair. Le Verseau reprochera au Taureau sa peur devant l'inconnu et celui-ci sera scandalisé par l'impudeur de l'autre face à tout ce qui est permis, ou presque. Le Vénus du Taureau rend le Verseau bien curieux, l'attire, mais en même temps il se demande comment il peut fonctionner dans son monde étroit. Le Taureau, lui, se demande comment le Verseau fait pour vivre au milieu des gens sans s'essouffler. Il est sensible et beaucoup plus qu'il ne le laisse paraître. Le Verseau refuse de se laisser aller aux sentiments; la logique et la raison doivent primer. Pour lui, le sentiment est une faiblesse tandis que, pour le Taureau, c'est une nécessité que de s'épancher.

Quand un Taureau voit une fleur, il la respire, admire sa beauté, l'éclat de ses couleurs, alors qu'un Verseau, lorsqu'il en voit une, se demande par quel chemin elle a pu passer pour éclore ainsi et quelle est son utilité sur terre. Nourriture pour abeilles? Ingrédient qui sert à faire un parfum? Un médicament peut-être? Comment se reproduit-elle? En fait, une fois que le Verseau a vu la fleur, il se préoccupe de son devenir, tandis que le Taureau la voit dans son présent, dans son instant de vie. Nous avons donc là deux visions de la vie totalement différentes. Il leur faudra de nombreux ajustements s'il veulent vivre ensemble. Le Taureau devra accepter les amis du Verseau et consentir à suivre ce dernier quand il se fait courant d'air. Le Verseau devra se montrer plus romantique et ne pas se sentir obligé d'expliquer au Taureau le devenir du bouquet de fleurs. Il est un amoureux de la vérité toute nue, alors que le Taureau est si sensible que, froissé ou blessé, il fige, s'immobilise, plonge en lui-même jusqu'à avoir l'air de bouder.

Le Verseau, une fois qu'il a dit ce qu'il avait à dire, ne se formalise plus, ne se pose plus de questions. Le Taureau, de son côté, peut mijoter durant des jours, voire des semaines ou des mois, un mot, une phrase qui l'a atteint. Le Verseau ne supportera pas ce silence et provoquera le Taureau, il s'en ira, non sans peine, parce qu'il se sentira rejeté, tandis que le Verseau réagira vivement en s'intéressant à tout autre chose. Il ne s'accroche pas au passé, seul l'avenir l'intéresse. S'ils veulent vivre ensemble, une fois l'effet de séduction passé, le Verseau devra s'arrêter et se demander ce qui ferait plaisir au Taureau. Le Taureau, lui, ne devra pas s'accrocher désespérément et attendre, il n'obtiendrait que mépris. Pour garder le Verseau, il devra l'épater, se dépasser sans cesse lui-même et surtout ne pas bouder! Ne jamais dépendre du Verseau... ce qui est bien difficile pour un Taureau pour qui l'amour fait perdre la raison. Le Verseau vibre, mais ne s'arrête que lorsqu'il ressent un choc, parfois quand le Taureau est parti.

Un Taureau qui ferme sa porte a bien du mal à revenir en arrière. Un Verseau est un signe d'air, l'air circule dans toutes les directions, il peut aller et venir sans faire beaucoup d'efforts. Il pourrait retourner chercher le Taureau, mais il faudra qu'il apporte une preuve solide de son amour et la garantie de stabilité. Il faut souhaiter bonne chance à ce couple si Taureau et Verseau tiennent à prendre ensemble la route de l'amour et du bonheur.

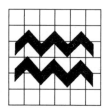

UN VERSEAU ET UN GÉMEAUX

On dit qu'ils vont parfaitement bien ensemble, c'est du moins ce que la plupart des astrologues affirment, mais je n'en suis pas aussi sûre, bien qu'ils soient compatibles de par leur signe d'air. Ils se séduisent, ça c'est certain. Face au Verseau, le Gémeaux se sent fragile; en conséquence, le Verseau se sent plus fort! Le Gémeaux peut donc développer une dépendance vis-à-vis du Verseau. Le Verseau, étant de par sa nature plus autonome, finit au bout d'un certain temps — cela peut aller jusqu'à une vingtaine d'années — par ressentir cette dépendance comme une faiblesse. Et il n'aime pas la faiblesse, il aime la force de caractère, il aime lorsqu'il peut se mesurer, admirer et constater les changements. Il aime que les gens et les choses se transforment.

Si un Gémeaux, à cause de l'accumulation de faiblesses, n'arrive pas à se transformer, vous voyez alors le Verseau le rejeter, lui faire sentir son impuissance. Il ne reste plus au Gémeaux que la fuite à tire-d'aile plutôt que sa destruction et l'anéantissement de ses propres idées. Le Verseau est une sorte de visionnaire qui vit vingt ans en avant de son temps, pour qui le moment présent n'a souvent que très peu d'importance. Il en est tout autrement pour le Gémeaux qui est bien de son temps, qui vit au moment présent, pas demain, mais aujourd'hui, et tout de suite! Le Verseau peut paraître trop cadré, trop organisé pour le Gémeaux qui a grand besoin de diversifier ses expériences et ses connaissances. Étant un signe fixe, il se «fixe» souvent une ligne de conduite, une façon de vivre, et s'y maintient sans jamais s'en éloigner trop.

Il se spécialise. Le Gémeaux ne ressent pas aussi profondément ce besoin «d'être un spécialiste», il est poussé vers la diversification, c'est son moyen à lui de cerner et d'apprendre les jeux de la vie. Comparativement au Verseau, il est un grand naïf, un enfant de choeur! Seulement, il arrive que les enfants chahutent, dérangent même! Et ça, le Verseau le tolère mal, bien qu'il soit le moins fixe de tous les signes fixes. La fixité de son signe le rend autoritaire et, pour de nombreux Verseau, cela peut aller jusqu'à la tyrannie. Il doit constamment surveiller cet aspect chez lui. Il est le symbole de l'humanisme mais il lui arrive parfois de vivre dans l'opposition de son signe, de sa mission, et de vouloir dominer plutôt que servir. Le Gémeaux est un communicateur. Quand il se tait, qu'il cesse de communiquer, il ne remplit pas sa mission!

Sur le plan amical, ils s'entendent parfaitement, les idées passent bien de l'un à l'autre. C'est quand ils sont amoureux qu'il y a un risque. Deux signes d'idées ne se font pas vraiment la cour. En réalité, ils discutent de ceci, de cela, de tout ce qui est en dehors d'eux, mais très peu de leurs sentiments, alors que dans une relation sentimentale il est important de vivre cet échange au niveau du coeur si l'on veut que la relation dure. Le Verseau parle de ce qu'il fera dans deux ans, dans cinq ans; le Gémeaux envisage ce qu'il fera demain ou dans une heure... et ils passent tout droit sur le sujet intimité! Dans leur vie de partage, ils s'éloignent l'un de l'autre sans même s'en apercevoir. Le Verseau étant un signe fixe, il est rarement le premier à quitter lorsqu'il est associé avec un Gémeaux. Et comment un signe fixe pourrait-il commettre une erreur? Cela fait également partie de sa mentalité, il croit en son jugement. Tandis que le Gémeaux, plus humble, est capable d'admettre qu'il s'est trompé.

Tout signe double qu'il est, il peut quitter, vouloir revenir ensuite; chose étrange, même après plusieurs années de séparation, ils sont parfois capables de revivre ensemble. Uranus, la planète du Verseau, symbolise le divorce, et le Gémeaux, de par Mercure, la dualité: quand ces deux-là sont ensemble, l'air de leurs signes se transforme en ouragan! Pour qu'ils puissent vivre heureux, le Verseau devra apprendre à faire des concessions et à tolérer les incertitudes et les doutes du Gémeaux, à penser que la belle assurance qu'il manifeste n'est pas aussi réelle qu'il le laisse paraître. Le Gémeaux, de son côté, devra éviter de changer d'avis tous les deux jours afin d'éviter de froisser le Verseau qui, lui, suit une ligne plus droite. Il ne devra pas craindre d'avoir ses propres idées devant le Verseau et de s'affirmer pour obtenir qu'on le respecte. Ils devront se garder du temps pour se faire la cour et renouveler leurs promesses d'amour, seul à seul, sans être entourés d'amis!

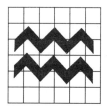

UN VERSEAU ET UN CANCER

Voilà donc deux signes qui se retrouvent souvent ensemble. Le Verseau étant un peu farfelu, original, marginal même, dans ses comportements, il accepte plutôt facilement les extases, ou les sautes d'humeur du Cancer qu'il considère comme une situation tout à fait normale. Mais il peut arriver que les choses se gâtent. Le Verseau étant un signe de raison et fort indépendant, après avoir écouté, entendu et réentendu le côté tantôt comique et tantôt dramatique du Cancer, s'y étant même habitué, finit par ne plus y attacher d'importance et se détache du Cancer... ou le laisse aller comme on observe un gamin dans un jardin d'enfants!

Le Verseau, signe fixe, peut rester longtemps à son poste d'observation, pour autant qu'il garde sa liberté de penser, d'agir, d'aller et venir à sa guise, et que le Cancer ne lui donne pas d'ordre! Il n'a que faire des manipulations émotionnelles du Cancer. La plupart du temps il ne les voit pas, il ne s'aperçoit pas non plus que le Cancer déploie une énergie monstre pour attirer son attention... Signe d'air, il reste en haut alors que le Cancer, signe d'eau, continue d'agiter ses flots sous le souffle du Verseau! Ce genre d'union peut souvent durer toute une vie, chacun dans ses rêves: le Verseau sur Uranus où rien n'est interdit, et le Cancer sur la Lune où tout est permis. Après quelques années, s'ils ne partagent rien de concret en commun, ils auront bien du mal à se retrouver... Le Verseau est quelque part dans l'espace pendant que le Cancer attend sur la Lune! Peut-être qu'en versant quelques larmes ou en souriant d'espoir aux étoiles... peut-être que l'une d'elles pourrait lui faire un signe... Dans un monde plus terre à terre, le Verseau se fait souvent petit dictateur qui décide de la vie des autres... et le Cancer, étant un signe cardinal, aime bien donner des ordres... que le Verseau n'entend pas et ne veut pas entendre. Le Cancer a beau recourir à toutes les subtilités, l'eau a bien du mal à s'élever dans l'espace et le Verseau ne veut pas quitter l'espace, son royaume! Finalement, le temps a passé, le Cancer attend de la tendresse, de l'affection et de la compréhension, de l'amour et le mélange des âmes... Le Verseau est individualiste dans son discours humaniste, il comprend tout le monde, tous les humains, sauf le Cancer qui est juste à côté de lui et qui attend une caresse.

Ils peuvent vivre ensemble, mais il leur faudra, l'un et l'autre, faire des efforts pour entretenir l'amour qui les a tant fait rêver! Le Cancer devra comprendre que le Verseau intellectualise d'abord et avant tout, et le Verseau devra faire l'effort de ressentir les besoins du Cancer qui croit qu'on le devine. Ils devront se parler ouvertement de leurs besoins, de leurs désirs. L'air du Verseau devra éviter de devenir froid, il gèlerait l'eau du Cancer... Certaines de ces unions Cancer-Verseau patinent toute une vie... l'eau attendant le dégel et l'air attendant que l'eau s'évapore pour monter dans l'espace!

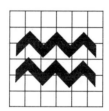 

UN VERSEAU ET UN LION

Ils s'opposent et se complètent sur la roue du zodiaque. Le Verseau s'occupe de l'univers, alors que le Lion veut qu'on s'occupe de lui! Il faudra que le Verseau soit amoureux fou pour que l'union dure! Le Lion réclame beaucoup d'attentions, le Verseau n'a que peu de temps à accorder à un seul individu. Il préfère s'intéresser à la collectivité et organiser. Le Lion devra donc

VERSEAU ET LES AUTRES SIGNES

être une personne très affairée et ne pas compter sur le Verseau vingt-quatre heures par jour s'il ne veut pas souffrir dans l'attente. Le Verseau est le moins fixe de tous les signes fixes. Il est rarement à l'heure et oublie souvent les promesses qu'il a faites. Il finit par les tenir, mais plus tard, quand la mémoire lui revient! Le Lion représente le coeur, les grands sentiments, les émotions; le Verseau est un être de raison, il analyse constamment ceux qui sont devant lui et il fait l'inventaire de ce qui est bien ou mal chez eux. Le Lion, lui, aime ou n'aime pas, ou est indifférent. Il n'a pas ce besoin d'expliquer qui sont les autres. Il les ressent, il est bien ou mal avec eux, il reste ou il s'en va!

Pour que le Verseau demeure fidèle au Lion il faudra que celui-ci l'épate et lui démontre qu'il est le plus fort, le plus entreprenant, le plus audacieux des deux. Il faudra que le Verseau l'admire, sinon ce signe d'air qu'est le Verseau ne tardera pas à disparaître sous d'autres cieux où l'aventure l'appelle. Quand deux signes s'opposent sur la roue du zodiaque, un rapport de force peut s'établir, l'un veut dominer l'autre. Le Lion aime régner, le Verseau veut dicter et décider de tout! Ici commence alors l'affrontement.

Le Verseau se veut socialement impeccable et il l'est le plus souvent, il ne commet pas d'erreur devant les gens, il sait quoi dire et quoi faire, il se moule aisément à tous les environnements et à tous les types de société. Il n'en va pas de même pour le Lion qui a besoin de connaître son importance au sein d'un groupe. Il aime savoir quel rôle il joue et surtout il veut pouvoir jouer un premier rôle! Le Verseau, lui, peut jouer tous les rôles, peu lui importe; il est d'ailleurs fort capable de rire de lui. L'essentiel est qu'il a si bien influencé tout le monde qu'il est celui qui a joué le premier rôle... Voilà que, au bout d'un certain temps, le Lion qui n'est pas dupe se rend compte que le jeu du Verseau n'avait qu'un objectif, dicter! Il le fait parfois à son propre insu. Il commande et dirige tout parce qu'il a raison sur tout. Il finit par écorcher le Lion avec sa raison. Celui-ci a besoin qu'on lui parle de sentiments, d'amour!

Il aime bien prendre des vacances, se reposer et jouir de la vie. Le Verseau ne connaît que peu de repos, il a toujours quelque chose à faire, quelque chose à explorer. Pour lui, prendre des vacances c'est finir un travail qu'il avait déjà commencé. Son esprit peut aller d'un sujet à l'autre sans terminer le premier, ce qui peut agacer le Lion qui aime bien terminer ce qu'il a commencé. Le Verseau fait une foule de choses en même temps, temps qui ne peut donc appartenir au Lion qui finit par se sentir délaissé... Pour qu'ils puissent vivre heureux ensemble, le Verseau devra accorder au Lion des moments d'exclusivité et celui-ci devra éviter toute possessivité et donner à l'autre congé de temps en temps. Il arrive au Verseau de n'apprécier quelqu'un que lorsqu'il s'en éloigne!

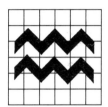 

UN VERSEAU ET UNE VIERGE

Ils sympathisent immédiatement. Deux génies qui se rencontrent... ou la folie! Ils causeront beaucoup ensemble, leurs vibrations les provoquent à la multiplication des idées. La Vierge est généralement une personne raisonnable et le Verseau en a l'air! Elle sent qu'elle pourra vivre une grande excitation avec le Verseau, elle ne repoussera pas la soif d'innovation de l'autre. Elle est un signe double, mutable, qui prend parfois la fuite ou a besoin de s'évader pour se retrouver. Le Verseau, signe fixe, est le dictateur du zodiaque, mais sans en avoir l'air. Il prêche l'humanisme! Son message, la plupart du temps, est «justice, liberté, égalité pour tous, mais moi au-dessus!» Voilà que la Vierge s'est attachée au Verseau. Elle est amoureuse de l'intelligence, de la raison, et le Verseau en a à revendre. Personne sensible, bien qu'elle tente continuellement de le cacher, elle ressent immédiatement ce qui la blesse ou lui fait plaisir.

Le Verseau est sensible également, mais il l'est à retardement! Sous un air jovial et raisonnable, il passe la plupart de son temps à dicter à la Vierge sa conduite. Il y va par comparaison, par progression. Tous les jeux de l'analyse y passent. Il oublie de demander à la Vierge si elle va bien ou mal. Il demande plutôt comment vont les affaires, le travail, telle ou telle personne.

VERSEAU ET LES AUTRES SIGNES

Il s'intéresse à l'humanité, mais il oublie de s'intéresser à la personne qui vit près de lui. Lentement le mal gruge. La Vierge n'en peut plus qu'on ne s'intéresse qu'à ce qu'elle fait. Elle aussi elle est quelqu'un! Il faudrait que le Verseau s'en rende compte. Un jour, la Vierge annoncera au Verseau qu'elle part en voyage, et celui-ci qui peut très bien vivre à distance n'y voit aucun inconvénient. Cependant, au bout de quelques jours il pourrait se demander si on ne l'a pas quitté. Je vous l'ai dit, le Verseau est si préoccupé par l'avenir et par les gens qui l'entourent, qu'il en oublie le moment présent et ne voit pas la personne qui l'aime désespérément. Étant un signe fixe, il ne démissionne pas facilement quand il s'est engagé. Comment aurait-il pu se tromper? Et comme tout signe fixe, il prend des habitudes, bien qu'il soit le moins apte à en prendre. La Vierge, absente, éveille les émotions du Verseau! Et quand il dira «je t'aime», il ne faudra pas l'oublier et ce sera vrai!

Un jeu intellectuel peut exister entre eux, un rapport de forces, une lutte d'intelligence, mais le jeu est malsain. Le Verseau veut dominer et la Vierge ne tient pas à se laisser mener. Signe double, elle aime qu'on respecte sa liberté d'esprit. Elle est critique. Le Verseau manifeste souvent une grande assurance dans ce qu'il croit et il le dit ouvertement, et la Vierge peut y trouver une faille, puis une autre... et voilà que l'un et l'autre se démolissent et c'est la fin. Ils se seront attirés pour ensuite s'éloigner difficilement, la Vierge, profondément blessée de n'avoir pas été aimée, et le Verseau, de n'avoir pu être heureux avec l'autre et les autres. Ces deux signes ensemble peuvent s'éprouver, et c'est parfois de l'épreuve que viennent les grandes preuves!

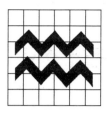

UN VERSEAU ET UNE BALANCE

Ils ont tous les deux un grand sens social. Ils aiment le monde, la compagnie, l'originalité, la fantaisie et, ensemble, ils stimulent leur créativité. Le Verseau est un signe fixe, mais il est le moins fixe de tous les signes fixes. La Balance symbolise Vénus, le mariage, l'union, l'amour, l'harmonie entre deux êtres, et c'est son plus cher désir. Le Verseau, régi par Uranus, planète de l'espace, de l'originalité, de l'innovation, mais aussi du divorce, a beaucoup de mal, du moins durant sa jeunesse, à vivre une union fixe. Ça lui donne la sensation qu'il y perd sa liberté alors que, tout au contraire, l'union donne de la force à la Balance! Le Verseau n'est pas un signe de fidélité par excellence, mais l'exception fait la règle. Il symbolise la permissivité sexuelle. La Balance, tout au contraire, maintient qu'il faut rester fidèle pour que l'union se prolonge.

Le Verseau est un être cyclique. Avec lui, il ne faut signer que pour quatre ans à la fois. Ensuite, si tout va bien, on renouvelle le contrat! Quand il a une idée dans la tête, il agit le plus rapidement possible. La Balance, personne hésitante, admire ce trait et le Verseau se sent flatté de tant de considérations. Il symbolise l'humanisme mais, dans son désir humanitaire, il lui arrive d'oublier la personne qui vit à ses côtés. La Balance pourrait se sentir délaissée, à moins qu'elle ne soit, de son côté, très occupée à autre chose. Personne n'est plus efficace qu'une Balance pour adoucir le coeur du Verseau, ce grand raisonneur, ce logique qui se cache souvent à lui-même ses plus profonds sentiments et attachements. Il n'y a rien de mieux que le plaidoyer d'une Balance pour lui faire avouer la vérité et lui faire dire «je t'aime»!

La Balance est signe cardinal, donc de chef, qui donne des ordres. Le Verseau est un signe fixe, qui n'en prend pas et, dans son cas, qui ne les entend même pas, trop occupé qu'il est à bâtir le monde, son entreprise, et à rencontrer les gens. Les grandes carrières c'est pour lui. Sa vie intime passe souvent en dernier. Il ne s'en préoccupe souvent que lorsqu'il se rend compte que ça lui échappe! Si le Verseau a blessé la Balance, il devra réparer. Celle-ci, dans son amour, est capable de se taire longtemps afin de maintenir l'union, mais le jour où elle jugera qu'elle n'en peut plus, sa tornade pourrait ébranler le Verseau, mais comme il est le signe de la foudre, il est capable de rebondir dans un éclair, de tout analyser, de tout comprendre et de se faire pardonner! La Balance fera tout ce qu'elle peut pour faire plaisir au Verseau, mais ce signe fixe ne devra jamais le tenir pour acquis et devra apprendre à dire merci. Quand il a une vérité à dire concernant un comportement qu'il n'aime pas vraiment chez la Balance, il devra le faire avec douceur, éviter les blessures qui meurtrissent le coeur de la Balance. Si celle-ci accepte les fantaisies du Verseau et ne se trouble pas devant l'irrégularité de sa conduite ou son manque de présence, et si le Verseau se plie de temps à autre à la demande romantique de la Balance, ils pourront alors entretenir une longue relation qui peut durer, durer, durer... et plus le temps passe plus ils s'attacheront.

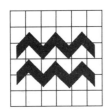 

UN VERSEAU ET UN SCORPION

Ils se provoquent l'un l'autre. Le Verseau vit avec la raison; et le Scorpion vit dans les émotions. Le Verseau n'est pas démuni d'émotions, il fait semblant de ne pas les ressentir au cas où ça le blesserait. Le Scorpion n'est pas démuni de raison, mais avec les émotions il touche le coeur et les sentiments en ligne droite. Ce sont deux signes fixes, deux êtres indépendants. Ni l'un ni l'autre n'acceptent des conseils. Le Verseau paraît écouter attentivement, mais son esprit est ailleurs. Le Scorpion ne supporte pas qu'on lui dise quoi faire, mais il retient et, un jour, il mettra en pratique le conseil qu'on lui a donné. Il faudra à chacun une bonne dose de tolérance pour qu'ils vivent ensemble.

Il s'agit de deux signes fixes qui partagent difficilement le territoire qu'ils se sont alloué. Le Verseau, plutôt individualiste, se préoccupe du bien-être de la société et oublie souvent sa propre famille et la personne qui vit près de lui. Il veut réformer le monde. Le Scorpion, signe fixe, l'attend, il est patient. Mais un jour, réalisant qu'il ne fait plus partie de la société du Verseau, il s'en ira sans faire de drame. Quand le Verseau se rendra compte du vide, il réalisera qu'il n'y a plus de chaleur, plus de passion, plus de sentiments, qu'il se retrouve avec sa seule raison, alors il pourra faire n'importe quoi, ou presque, pour retrouver le Scorpion qui, lui, de son côté se laissera prendre par les émotions! Pour qu'ils puissent vivre heureux ensemble, étant donné leur vision différente de la vie, de temps en temps, à tour de rôle, chacun devra descendre dans la vie de l'autre et essayer de se mettre à sa place. Ils apprendront ainsi à respecter leurs goûts qui sont généralement très différents, et leurs idées. Le Verseau réforme, le Scorpion transforme. Le Verseau, le onzième signe du zodiaque, possède en lui toute une connaissance subconsciente des signes qui le précèdent. Aussi quand il rencontre un Scorpion, a-t-il parfois l'impression qu'il le connaît, qu'il peut le cerner. Surprise! Ce que le Verseau ignore c'est que le Scorpion est continuellement en mutation, et quand il croit avoir compris il a devant lui un Scorpion différent.

Le Verseau aime la surprise et le Scorpion a horreur de l'ennui. Là-dessus ils seront d'accord pour faire de leur vie commune un mouvement continu; il faudra simplement qu'ils évitent le chaos. Le Verseau ne devra pas se moquer de l'intensité émotionnelle du Scorpion, de ses peurs, et le Scorpion se gardera bien de se replier sur son monde et de fuir les amis du Verseau qui, généralement, en a beaucoup. Le Scorpion étant jaloux et possessif, et le Verseau étant un signe de permissivité sexuelle, ils peuvent bien se réserver de petites surprises. Pour le Scorpion, la sexualité a souvent quelque chose de sacré. Pour le Verseau c'est une expérience de plus et sans conséquence. Il risque donc d'y avoir des frictions. Si le Verseau s'éparpillait, la sentence du Scorpion serait terrible, ce serait un non-retour. Le Verseau est un signe d'air, il lui arrive d'oublier les détails qui préoccupent tant notre Scorpion. Le Verseau demande: Qu'est-ce que tu as fait? Et le Scorpion: Comment te sens-tu? Il leur faudra ajuster leur mode de vie.

Pour un Verseau, faire est essentiel; et pour un Scorpion, c'est sans doute faire, mais aussi bien sentir. Le Verseau apprendra du Scorpion que les sentiments sont tout aussi importants que le monde de la raison. Le Scorpion apprendra du Verseau à composer avec les différentes personnes qui se trouvent sur sa route et à ne pas craindre pour le lendemain parce que, pour le Verseau, il y a toujours de l'avenir.

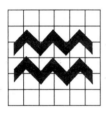 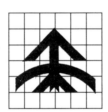

UN VERSEAU ET UN SAGITTAIRE

Ils s'acceptent très bien l'un et l'autre au départ, ils ont un idéal semblable, soit toucher l'humanité! Le Verseau, symbole uranien tout fait de surprises, a de quoi s'occuper avec le Sagittaire qui tourne à gauche sans avertir, et à droite quand il est supposé aller droit devant lui. Ni l'un ni l'autre ne sont des rancuniers. Ils peuvent se dire les pires bêtises, et deux minutes plus tard tout est oublié. Le Sagittaire est parti prendre l'air, faire du sport, et le Verseau est retourné à son occupation intellectuelle. Sexuellement, ils trouvent une entente immédiate. Ils restent libres, même en amour!

Le Verseau trompe l'autre sans se rendre compte qu'il le fait. Le Sagittaire trompe parce qu'il n'a pu résister à l'appel. Ils ne s'en voudront pas longtemps au moment du jeu de la vérité! Ils sont également capables de se quitter sans dramatiser: le Sagittaire a la faculté de trouver la sympathie chez autrui et de se consoler rapidement, le Verseau n'a pas, lui, la mémoire du passé, sinon quelques bribes qu'il lui arrive même de transformer au gré de son imagination pour que ce soit plus facile à supporter.

Généralement, la relation commence par de l'amitié et peut rester ainsi longtemps. Puis, le temps les liant davantage, se découvrant mutuellement des qualités, ils se retrouvent amoureux, amants, et se disent qu'ils sont très bien ensemble.

Le Verseau, un signe fixe et autoritaire, pourra toujours essayer de dominer ce signe double qu'est le Sagittaire. Ce dernier n'y voit que du feu et sait fort bien faire rire le Verseau en lui mettant sous le nez son attitude qui se tient bien loin de l'humanisme quand il devient possessif. Bien que le Sagittaire soit un être fier, il accepte de perdre quelques parties et est toujours prêt à recommencer. Le Verseau a quelques leçons à apprendre là-dessus, il est plus mauvais perdant. Il peut toujours vous dire le contraire, mais au fond il n'y croit pas, aucun des signes fixes ne peut accepter de bon coeur d'être perdant, ni le Taureau, ni le Lion, ni le Scorpion. Avec le Verseau, le Sagittaire apprendra que l'éparpillement de ses forces et de ses talents joue contre lui et qu'il aurait intérêt à avoir plus de discipline. Ils peuvent faire un excellent duo, ils peuvent s'aimer longtemps après avoir été amis, pourvu que chacun respecte la liberté de l'autre et que, de temps en temps, ils s'accordent de vivre une exploration quelque part dans le monde d'où ils rapporteront des faits originaux, des événements particuliers, des souvenirs qui n'appartiennent qu'à eux et dont ils pourront se parler souvent et en rire.

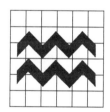 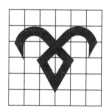

UN VERSEAU ET UN CAPRICORNE

Ils s'entendent bien quand ils se rencontrent, ils discutent sérieusement du sort de l'humanité. De ce qu'il faut faire et ne pas faire pour réussir sa vie. Ils se respecteront, ce sont deux forces, mais ça ne sera pas long que la véritable nature du Verseau fera surface et surprendra le Capricorne et le dérangera.

VERSEAU ET LES AUTRES SIGNES

Le Capricorne prendra des habitudes qui fatigueront bien vite le Verseau. Il tentera de freiner celui-ci, mais en vain. Ce signe fixe ne fait que ce qu'il décide lui-même. Bien que signe fixe, le Verseau est le moins fixe de tous. Quand le Capricorne s'engage dans une union, il tient à la maintenir, mais il n'est pas certain qu'en amour ils feront bon ménage. Le Capricorne a du mal à exprimer ses émotions et le Verseau, de son côté, accumule et explose d'un seul coup. Le Capricorne l'observe et n'y comprend rien. Il se demande même comment on peut se mettre dans une telle colère. De plus, quand le Verseau éclate après une accumulation de frustrations, c'est souvent pour un détail, disons plutôt une insignifiance! Le Capricorne n'oserait jamais se fâcher pour si peu, lui! Ils sont fiers tous les deux, le Capricorne, parce qu'il veut rester dans la norme; le Verseau, justement pour ne pas avoir l'air de tout le monde. Le Verseau n'a pas non plus inventé la fidélité; le Capricorne, lui, y croit et y tient. Voilà un point où le désaccord peut survenir après quelques années d'union. Le Verseau s'accorde des libertés et le Capricorne le sent et le sait. Là où ils peuvent s'entendre, c'est quand ils s'allient pour une cause commune, dans un monde de recherche, qu'elle soit terrestre ou céleste. Le Verseau qui a le don de l'exagération, sera ralenti par la prudence du Capricorne qui sera poussé par le Verseau à aller de l'avant.

Amoureusement, ça ne sera pas facile. Pour le Verseau, il est bien difficile de faire une différence entre l'amour et l'amitié. Pour le Capricorne, l'amour représente la fidélité et une sorte d'assurance qu'on vieillira ensemble. Soit qu'ils se blessent mutuellement, ce qui est courant, soit que l'un et l'autre évoluent harmonieusement. Le Verseau devra consacrer de son temps au Capricorne qui a besoin d'intimité pour être bien dans sa peau et le Capricorne devra accepter les brins de folie du Verseau et le suivre quand il décide que demain ne ressemblera nullement à la veille!

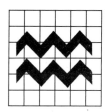 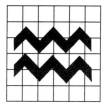

UN VERSEAU ET UN AUTRE VERSEAU

Voici deux personnes tout à fait spéciales, deux courants d'air! Chacun dans son ciel et sans désaccord, ou du moins, quand il y en aura, l'orage passera très vite. Ils se stimulent l'un et l'autre à ne pas vivre comme tout le monde. Ne désapprouvant pas leurs fantaisies, ils ont toujours un sujet de conversation original. Ils ne parlent peut-être pas de la même chose, qu'importe, ils retiennent l'essentiel de l'un et de l'autre. Ensemble ils auront un budget choc, un compte-voyage, ils pourront tenir un journal sur l'excès qui n'a pas si mauvais goût! Ils s'attacheront l'un à l'autre, deux signes fixes, ils seront certains, mieux que beaucoup d'autres signes, que la distance n'affecte en rien leurs sentiments. Ils consacreront peu de temps à l'analyse et à la compréhension de l'autre; ils se saisissent au vol et ça se passe d'explications. En fait, ils ne s'apercevront de leurs absences réciproques qu'après un bon moment. Ils se pardonneront leurs erreurs qu'ils considéreront comme une expérience de plus à rajouter au journal.

Ils ne compétitionnent pas ensemble, ils respectent leurs forces et s'encouragent à poursuivre leurs objectifs qui aux yeux de personnes supposées sensées pourront paraître utopiques. Surprise! ils réussissent à les atteindre! L'amour entre eux sera vécu tantôt passionnément, tantôt raisonnablement, tantôt à distance. Ils se feront la pluie comme le beau temps. Quelques conflits d'autorité pourraient surgir si l'un décidait qu'il est le maître et que l'autre doit le servir! Les déclarations d'amour ne seront pas non plus courantes! S'ils savent logiquement qu'ils s'aiment, pourquoi passer leur temps à le répéter? Une fois tous les cinq ans peut suffir! Quand vous les verrez, ils afficheront un air tout à fait romantique et puis tout à coup ils se mettront à parler des dernières nouvelles mondiales et combien cela affecte ce pays-ci ou celui-là.

En fait, vous aurez à peine l'impression qu'ils vivent ensemble; si vous les rencontrez dans une soirée, chacun est de son côté à parler à tous et chacun, et à convaincre les invités des bienfaits de la liberté d'expression, et quand tout sera fini, ils partiront bras dessus bras dessous en souriant! Pour que deux signes identiques puissent se complaire et se compléter, une grande différence d'âge est préférable entre eux. Ainsi, chacun apporte l'expérience d'une autre génération, une autre vision de l'exploration du monde. Autrement, ils risquent de se trouver ennuyeux, avec presque rien à découvrir de l'un ou de l'autre. Obstination et entêtement peuvent alors survenir, et pour être heureux ce n'est pas la bonne recette.

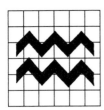 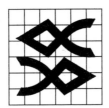

UN VERSEAU ET UN POISSONS

Ici le Verseau pourra toujours se poser des questions, il se demandera longtemps comment on peut vivre en chevauchant à la fois les émotions et la raison. C'est un véritable mystère qu'il élucidera, peut-être bien dans une autre vie! Le Verseau, en tant que signe fixe, aime diriger, dominer les situations, au travail ou à la maison ou même dans ses loisirs. Il a le sens de la compétition. Le Poissons, lui, compétitionne avec lui-même. Il ne sent pas le besoin de prouver à d'autres qu'il a raison. Il pense et ressent. Il navigue et pas toujours en ligne droite. Comment pourrait-il s'arrêter à une seule expérience, aussitôt qu'il en commence une il sait déjà comment ça va finir, alors pourquoi lui faudra-t-il absolument «toucher la fin»? Il en est tout autrement du Verseau qui aime voir les résultats qui le rassurent sur son efficacité.

VERSEAU ET LES AUTRES SIGNES

Le Verseau tentera de freiner le Poissons mais il aura une petite surprise: ce dernier lui glissera entre les mains. Le Verseau aura là de quoi occuper son cerveau pour un bout de temps. Le Poissons est désarmant pour le Verseau. Celui-ci explique quelque chose en toute logique, et à son dernier paragraphe, le Poissons soulève une intrigue qui vient démolir d'un seul coup toute la belle littérature raisonnable du Verseau par une remarque à la fois plus logique et humaine! Le Poissons a besoin de tendresse, il touche le coeur, il communique avec l'âme, pendant que le Verseau, lui, vit une expérience qu'il raisonne et qu'il raconte. Avec le Poissons on ne raconte pas l'amour, on le vit, on le ressent. Le Verseau, de son côté, a ce besoin de détailler ses sentiments, ses sensations qui se sont produites à un moment précis. Ce qui finit par énerver le Poissons qui, dans le cas humain, bien qu'il ait l'air d'avoir été pris à l'hameçon, ne l'est pas vraiment. Pour qu'ils puissent vivre heureux, le Verseau devra accepter la diversité et l'instabilité des idées du Poissons, il devra respecter sa capacité de prendre une multitude d'engagements vis-à-vis différentes idéologies. Le Poissons devra s'efforcer d'être moins évasif et plus présent en face du Verseau. Le Poissons a tendance à le provoquer à de nouvelles idées puis à s'en aller plutôt que d'écouter les réflexions qu'il a suscitées, ce qui choque grandement le Verseau.

Par rapport au Poissons, le Verseau est consistant, il agit. Le Poissons rêve et ça ce n'est pas logique. Le Verseau est un signe d'air, l'air est en haut, et le Poissons, un signe d'eau, l'eau est en bas. Ils ont beaucoup à se raconter sur leurs différentes expériences et visions. Le respect s'installe quand le Verseau cesse de croire que le Poissons divague. Contrairement à ce que pense en général le Verseau, le Poissons est plus logique qu'il ne le laisse paraître, seulement lui il a compris que la vie prend sa source dans cet univers où on ne peut rien situer d'une manière absolue. Le monde de l'espace appartient au Verseau, c'est bien grand par rapport à d'autres signes, et bien petit comparativement à la dimension de l'infini que le Poissons porte en lui. Le Verseau respecte la force, veut sauver l'humanité, mais on devra obéir à ses directives, tandis que le Poissons tout en respectant la force, sympathise avec la faiblesse, qui est profondément humaine, et il n'a nul autre conseil à donner si ce n'est que rêver, c'est commencer à inscrire dans le grand livre de la vie l'action sans la force ni la violence.

Le Verseau et ses ascendants

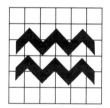 

**VERSEAU
ASCENDANT
BÉLIER**

Il est nerveux celui-là! Un vrai courant d'air, chaud! Brûlant même! L'air souffle sur la flamme, la flamme vacille dans tous les sens. Va-t-elle s'éteindre et ne laisser que l'air, chaud ou froid cette fois? Le feu monte dans l'air, l'air devient irrespirable, c'est la suffocation totale! Puis, quelle est donc cette idée qui va révolutionner notre époque, notre technologie?

Il ne passe pas inaperçu. Il brille, il est franchement inévitable et toujours certain que vous l'attendez et qu'il sera bien reçu! Une petite rougeur de timidité peut transparaître sous la peau, mais, pas longtemps... il sait se mettre à l'aise rapidement.

Si, à tout hasard, ce natif possédait de mauvais aspects de Mars, vous auriez là un être violent, révolté, asocial, sans compromis, tyrannique, et criminel peut-être. Qui sait? Il porte la marque de Mars, le fer et le feu! Et avec le Verseau en avant, qui

39

transforme tout sur son passage! Heureusement que cette sorte de Verseau ne vient pas trop souvent au monde!

Comme tous ceux qui naissent avec l'ascendant Bélier, il est important de voir la carte natale. C'est elle qui détermine ses principales puissances. Ce Verseau, par exemple, peut être ce qu'il pense qu'il doit être, en bien ou en mal. Les racines, l'éducation qu'il aura reçue joueront un grand rôle dans son équilibre, autant sur le plan intellectuel qu'émotionnel. Le Verseau est tout d'abord un être de raison, mais il n'est pas dépourvu d'émotions même s'il agit comme s'il n'en avait pas. L'émotion étant quelque chose qu'il ne peut analyser, alors il évite d'y penser, mais un jour arrive où il doit faire face à ce qu'il a accumulé et c'est vers la quarantaine qu'il trouve son équilibre pour le reste de ses jours. Souvent il vit une importante crise d'identification semblable à celle de l'adolescence. Il ne se reconnaît plus, il se surprend à constater que son coeur bat pour un tel ou un autre, et voilà la révélation. Ce Verseau-Bélier ayant toutes les maisons situées au bon endroit peut mieux que quiconque faire de sa vie un véritable paradis, il n'a en fait qu'à la voir ainsi et le ciel s'arrangera pour lui faciliter la tâche!

Avec sa deuxième maison dans le signe du Taureau, maison de l'argent, quatrième signe du Verseau, en aspect négatif en fait, il est peut-être bon vendeur, mais tout à coup l'affaire a moins d'attrait pour lui et voilà qu'il laisse tomber à la surprise de tous, mais attendez, il est sur un gros coup, et celui-là il va le réussir. Il aime les belles maisons, le luxe, il aime bien manger, il aime le plaisir, il sait rire et s'amuser avec excès. Il peut se mettre à économiser, puis tout d'un coup investir dans une affaire ou dépenser largement sans compter. Il se fie à sa bonne étoile et c'est vrai qu'il en a une. Il est possible que dans sa jeunesse il n'ait pas eu tout ce dont il avait besoin pour vivre à l'aise. Mais c'est un débrouillard! Il s'est arrangé pour gagner ses études, se payer un appartement, une voiture, et voilà qu'il est presque au sommet de la compagnie pour laquelle il travaille, et un peu plus tard il mettra sur pied sa propre entreprise. Généralement il a décidé très tôt de son programme de vie!

Sa troisième maison, dans le signe du Gémeaux, place idéale pour la troisième, fait de lui une personne très intelligente et qui peut en dépasser bien d'autres. Il peut être un indiscipliné, mais ça n'enlève rien à son cerveau! Il a un grand besoin de bouger, d'être en action, d'apprendre ceci et cela, il n'en sait jamais assez. Il a toujours un projet en marche. Il est une conception, un amoureux de l'intelligence et de la raison. D'ailleurs il aura du mal à aimer avec son coeur, sa raison le domine. Aussitôt qu'il a réfléchi à un projet, il le met en marche. Il fonce droit devant.

Sa quatrième maison, dans le signe du Cancer, soit le sixième signe, est la maison du travail et du foyer avec le Cancer. Il y a de grandes possibilités que le natif fasse du travail chez lui ou en collaboration avec sa famille. Bien qu'il soit souvent absent de chez lui, comme tout bon Verseau il est attaché à sa famille, à son bien-être. Il ne voudrait surtout pas que l'un des siens tombe malade, il en serait très affecté. Il est du genre à vouloir bâtir un empire, non seulement pour lui, mais pour le léguer à sa famille, la mettre en sécurité. Il reste à voir si ce sera aussi grand qu'il le veut. Sa carte du ciel personnelle nous renseigne, mais quand un Verseau veut, il peut, il n'y a pas grand-chose sur terre qui puisse arrêter cet ouragan! Sauf, bien sûr, la fatigue, qui le fait rentrer chez lui, écouter de la musique. Il en a grand besoin pour détendre son système nerveux.

Sa cinquième maison, dans le signe du Lion, signe juste en face de son Soleil, représente les enfants, l'amour. Il se peut qu'il soit davantage porté vers l'amour universel que vers l'amour individuel. Conquérant des grands espaces, vivre toujours les mêmes choses avec la même personne, c'est véritablement un tour de force quand il y réussit. Possibilité que la conjointe du natif ait des difficultés à avoir des enfants. Pour une femme, elle pourrait elle-même décider qu'elle préfère s'abstenir de toute conception. Sous ce signe il n'est pas rare non plus de constater que les femmes font un enfant, mais ne désirent pas vraiment la présence du père. Madame s'est fait un cadeau! Ce natif est attiré par tout à la fois, autant par la science que par les arts, autant par les mathématiques que par la littérature.

Sa sixième maison, dans le signe de la Vierge, huitième du Verseau, peut le porter vers la médecine ou vers toute science qui a une utilité certaine face à un groupe de gens et à une collectivité. Ce natif est souvent génial, le génie engendrant parfois quelques brins de folie! Mais on peut lui pardonner ses sautes d'humeur, ses colères; dans quelques minutes il aura tout oublié. Pour ceux qui vivent avec lui, ça peut prendre un certain temps avant qu'ils s'habituent, environ une dizaine d'années. Ensuite, c'est facile. La sexualité peut être vécue en excès, en bizarreries que seul un Verseau peut imaginer, ou alors il ne se passe vraiment rien. Sur le plan sexuel il est cyclique, tout dépend toujours du travail qu'il a à faire. S'il reste du temps pour les rapprochements amoureux alors là vous serez servi.

Sa septième maison, dans le signe de la Balance, lui permet souvent de rencontrer son idéal. Il faudra tout de même qu'il s'en rende compte! Et le Verseau, qui est si près de l'humanité, a bien du mal à voir la personne qui vit près de lui. Il considère que, si elle est là, c'est qu'elle y tient. Il peut s'en tenir longtemps à ça! Mais, surprise! Il arrive que le conjoint de ce Verseau ne voie pas la vie de cette manière! Il lui faut parfois un choc pour qu'il prenne conscience que la perle rare qu'il a dénichée a besoin d'être choyée de temps à autre. Quand l'autre est parti il se rend compte du vide laissé, et là il est prêt à escalader toutes les montagnes s'il le faut pour reconquérir l'être aimé.

Sa huitième maison, dans le signe du Scorpion, dixième signe du Verseau, lui donne le goût de la recherche intensive. Il veut savoir ce qui se cache derrière toute façade. Les apparences ne l'impressionnent pas. Longue vie à ce natif, à moins d'aspects très négatifs avec cette maison. Il choisit rarement une carrière facile. D'ailleurs, quand les choses sont trop faciles, il abandonne. Il aime les défis et, plus c'est haut et plus ça demande de l'énergie, plus il en trouve.

Sa neuvième maison, dans le signe du Sagittaire, onzième signe du Verseau, le pousse souvent à aller vivre au loin ou à partager sa vie avec une personne étrangère. Il faut qu'il soit fasciné par quelqu'un pour qu'il s'y attache. Ce natif est généralement croyant. Il croit en Dieu, mais n'est pas un fétichiste. Pour lui, Dieu est une omniprésence dont il a nettement conscience et qui est son protecteur.

Sa dixième maison, dans le signe du Capricorne, également le douzième signe du Verseau, montre qu'il est possible que le natif ait vécu des conflits avec son père ou que le père ait été malade quand le natif était jeune. Possibilité aussi du décès du père ou épreuve par lui. Ce qui aura fait, au moment où c'est arrivé, mûrir considérablement ce Verseau.

Son Soleil se trouve à sa place idéale, en onzième maison. Ce natif peut donc faire ce qu'il veut de sa vie. Il est libre comme l'air, et plus que tout autre Verseau. Souvent génial dans ce qu'il entreprend, il ne cesse de s'élever au-dessus de sa condition de naissance. Il ne suit le chemin de personne, personne n'est vraiment son modèle. Ce natif est un inspiré.

Sa douzième maison, dans le signe du Poissons, deuxième signe du Verseau, l'argent et l'épreuve, indique deux sources de revenus ou deux sources de perte! L'argent va et vient, il peut s'écouler beaucoup de temps avant que cela n'ait vraiment de l'importance pour lui. Son avenir est dans son idéal et non pas dans «l'oseille»!

Il est bien difficile de définir exactement ce que sera ce natif. Il vient au monde avec une grande puissance d'action et, généralement, de l'intelligence à revendre. Il faudra donc qu'il sache utiliser positivement tout ce potentiel que le ciel lui a légué. Il n'est jamais ordinaire. Il peut tomber dans tous les excès aussi bien que vivre le plus bel équilibre qu'on puisse imaginer. Pour le situer dans un domaine quelconque, il faut vraiment voir les aspects de sa carte natale. Ce natif, je le répète, possède un potentiel peu commun.

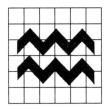 

VERSEAU
ASCENDANT
TAUREAU

Il ne parle pas beaucoup. Il vous examine, mais il pense en même temps, il pense aussi à lui, à ce qu'il doit dire et faire, comment il doit se tenir pour faire bonne impression, pour que vous ne sachiez pas qu'il est un double signe fixe, qu'il a la tête dure et qu'il ne fait que ce qu'il a décidé, qu'il ne consulte personne d'autre que lui-même! Sous l'effet de Vénus du Taureau, il veut que vous le trouviez parfait, charmant, intelligent, attirant, sensuel, tout quoi! Il est possible qu'il s'en rapproche!

Le Verseau aime les transformations rapides. Quand ça traîne trop, ça lui met les nerfs en boule. Le Taureau aime que les choses se transforment lentement et sûrement, sans trop de bousculades! Il faut apprendre à vivre entre le feu rouge et le feu vert! Ça demande des nerfs solides!

C'est assez bizarre: ce qui est formellement interdit l'attire à un haut degré et ce qui est formellement permis, ça ne l'intéresse pas. Il en va de même avec sa sexualité. Qu'on y fasse les choses normalement, ce n'est pas normal, la normalité c'est lui qui l'a inventée. De toute manière, c'est ce qu'il croit!

Il ne se contente pas de la surface des gens et des choses, il veut scruter à fond, savoir qui vous êtes, ce que vous faites, quel est votre degré de compétence et si vous lui serez utile.

Il recherche un conjoint stable, sensible, qui ne lui posera pas trop de questions quand il rentre après les heures prévues. De toute façon, il devait être quelque part à discuter d'argent...

Il aime l'argent, non pas vraiment pour le posséder, drôle de type, mais parce que faire de l'argent ça représente un défi à relever.

Double signe fixe, il a horreur des divorces et des séparations. Il peut très bien cacher un talent en dehors de la compétence qu'on lui connaît, dans un domaine la plupart du temps financier. Il a une nature d'écrivain, c'est un futuriste, mais il ose à peine manifester ses talents non évidents, ou en parler, on le prendrait pour un rêveur. Taureau, c'est un réaliste.

Il a horreur de l'injustice et ne supporte pas qu'on abuse des innocents et des sans défenses! Il n'aime pas la laideur, la difformité.

Sans en avoir l'air, il aime être reconnu, qu'on l'appelle par son nom, qu'on le félicite à propos de ses compétences. Double signe fixe, il ne manque pas d'ambitions, mais il regarde bien prudemment où il se met les pieds avant de s'engager, car il a cette conscience que quand il donne sa parole, il la donne pour longtemps.

Sa deuxième maison, dans le signe du Gémeaux, en bon aspect avec son Soleil, lui donne la «bosse» de l'argent. Il sait comment en faire. C'est un débrouillard de première classe dans ce domaine. S'il travaille pour une entreprise, on se rendra vite compte qu'il peut la faire prospérer, lui faire prendre de l'expansion. Il sait administrer, autant ses affaires personnelles que celles de son patron. Il aime l'argent, ça lui garantit la liberté d'action. Quand il en a, il est assuré d'en faire d'autre. Il peut lui arriver pendant longtemps, parfois durant toute sa vie, de faire passer les intérêts, les jeux d'argent avant les jeux de l'amour. Ce n'est pas qu'il soit démuni de sensualité, bien au contraire, mais il manque de temps pour tout faire. Et avec lui, le travail avant le plaisir... ce n'est pas tout à fait juste puisque le travail est un véritable plaisir pour lui, au moins jusqu'à l'âge de la retraite.

Sa troisième maison, dans le signe du Cancer, lui donne une intelligence perceptive. Il sent où sont l'or et l'argent. Il aimera, après sa journée de travail, rentrer à la maison, même s'il est généralement tard. Il a toujours un tas de choses à finir avant de rentrer, puis il perd la notion du temps. Et quand il enfile ses pantoufles, c'est souvent pour se remettre le nez dans un dossier qu'il veut absolument finir avant d'aller dormir. Ce natif n'est pas agressif, du moins tant que vous ne l'aurez pas attaqué. Sinon, soyez sur vos gardes, sa foudre est la plus terrible de toutes. Vous vous souviendrez de sa colère et des mots qu'il vous aura dits. Et, chose étrange chez ce Verseau, lui aussi il en gardera le souvenir. Et si un jour il vous claque la porte au nez, il vous sera bien difficile de lui faire ouvrir.

VERSEAU ET SES ASCENDANTS

Sa quatrième maison, dans le signe du Lion, juste en face de son Soleil, celle qui représente le foyer de sa naissance, signifie qu'il a peut-être vécu une sorte de révolte contre ce foyer. Il n'en a rien dit et il est parti. Il sera très attaché aux enfants, mais il n'aura pas vraiment le temps d'être près d'eux, son travail est une priorité. Il doit s'occuper d'affaires publiques, la vie privée passe après. Le plus souvent, il confiera à son conjoint la tâche de l'éducation des membres de sa famille. Cette position ne favorise pas vraiment une famille nombreuse, l'exception seule fait la règle. Il choisira souvent un conjoint plutôt tranquille et pantouflard, qui ne s'oppose pas parce qu'il a peur d'être rejeté. Il appréciera d'ailleurs la docilité de son partenaire, car en bon Verseau qu'il est, il le matera subtilement. Ce double signe fixe est patient.

Sa cinquième maison, dans le signe de la Vierge, encore une fois indique l'amour du travail. La Vierge étant le huitième signe du Verseau, il y a possibilité que ses absences amoindrissent l'amour que ses enfants pourraient avoir pour lui et qu'ils ne le voient plus que comme un pourvoyeur. Il lui faudra sans doute attendre la quarantaine pour en prendre conscience, mais il n'est jamais trop tard pour se reprendre. Vaut mieux tard que jamais. Cette position peut, à un moment donné, faire en sorte qu'à cause de ses enfants la vie du natif soit complètement transformée. Il en est de même pour la notion de valeur qu'il accordait à son travail. Doué d'une brillante intelligence, c'est un véritable détective. Non seulement il a deviné, mais il analyse sa découverte avec brio. Il peut tout apprendre ce qui lui plaît. Cette position favorise les amours au travail. Ce peut être l'aventure ou le grand amour, tout dépend des aspects qui interviennent dans cette maison dans sa carte natale. Le natif doit surveiller son alimentation et sa circulation sanguine. Il est sujet aux irritations cutanées imputables à sa nervosité.

Sa sixième maison, dans le signe de la Balance, laisse présager que le natif rencontrera l'amour au travail ou dans son entourage immédiat. Sa vie de couple ne sera jamais compliquée si on le laisse travailler. Cette position suppose toutefois que son conjoint peut tomber malade ou avoir une faible résistance physique. Doué pour les lettres, il peut aussi bien être poète que comptable! Le premier sera moins évident, la poésie n'apportant que rarement à manger, surtout en cette fin de siècle.

VERSEAU ET SES ASCENDANTS

Sa septième maison, celle des unions dans le signe du Scorpion, en aspect négatif avec le Verseau, laisse supposer que le conjoint exerce une sorte de pression sur le natif et l'entraîne subtilement vers la destruction. Il est possible que le conjoint envie la force de ce Verseau et qu'il aimerait le voir mort plutôt que de divorcer! S'il y a rupture de l'union, c'est plutôt catastrophique! Le natif ne l'oubliera pas, et son conjoint non plus. À moins d'être Poissons, aucun autre signe ne peut mesurer la résistance de ce natif à toute destruction, qu'il s'agisse d'une situation ou d'une personne. Il faudra qu'il se lève tôt celui qui voudra sa peau! Ce natif aime le pouvoir. Il le recherche à sa manière et, le plus souvent, c'est de se hisser au sommet d'une entreprise. Il est également habile à négocier avec les gouvernements. Pour certains, possibilité d'élection à des postes en vue.

Sa huitième maison, dans le signe du Sagittaire, est la onzième maison du Verseau. Avec de mauvais aspects dans sa carte natale, cela laisse supposer une mort subite, un accident. Mort douce également, mais le plus souvent longue vie. Il est rare que ce natif meure en bas âge, à moins qu'il ait vraiment ambitionné sur les heures de travail et dépassé considérablemednt la mesure! Il aime bien, même en vacances, apporter du travail! Sa tête ne s'arrête pas, seulement quand il dort! Il aimera voyager, mais devra surveiller ses valises. Il peut être attiré par l'astrologie. L'astrologie, dit-on, n'a pas de base logique! Comment pourrait-on y croire? Ce natif est doué pour les longues études, au fil de sa vie il accumule toutes sortes de connaissances qui lui seront utiles à son travail. Il se permet des lectures fantaisistes... comme sur le paranormal, la puissance subconsciente! Il aime voyager; faire le tour du monde fait partie de ses objectifs et il pourrait effectivement avoir la possibilité de le faire. En fait, il ne se fait pas d'ennemis, et ceux qui voudraient s'acharner sur lui frappent dans le vide. Il est protégé du ciel! Il n'a qu'un seul gros défaut: celui de trop travailler et faire de son travail le centre de sa vie.

Sa neuvième maison, dans le signe du Capricorne, annonce qu'il voyagera quand il aura atteint le sommet de sa carrière et qu'il sentira que le moment est venu de céder sa place à quelqu'un d'autre. Le Capricorne étant le douzième signe du Verseau et symbolisant le père, un mystère entoure le père du natif. Il a pu le respecter parce qu'il en avait peur et qu'il croyait en sa sagesse et ses conseils, mais le Verseau étant un être d'avant-garde, le père du natif, évidemment plus âgé, était bien en des-sous de la vérité quand il parlait à son Verseau. Plus le natif vieillit, plus il fait confiance à la vie elle-même plutôt qu'à ses seules forces. C'est passé la quarantaine, parfois même la cinquantaine, qu'il réalise qu'il a laissé passer plusieurs bons moments de plai-sir. Cette position indique également que le natif se rapprochera davantage de ses enfants en vieillissant.

Son Soleil se trouve royalement en dixième maison, ce qui symbolise la réussite sociale, l'atteinte de son objectif. Si le natif ambitionne un poste politique, il pourrait l'obtenir mais attention, s'il se trouve là vous pourrez alors voir tout un système social se transformer. Les vieilles habitudes gouvernementales chan-geraient d'air et les fonctionnaires pourraient s'énerver sérieu-sement. Quoi qu'il fasse, quel que soit son domaine, ce natif a la garantie de la réussite.

Sa onzième maison, dans le signe du Poissons, sa deuxième maison, indique que le natif peut avoir deux sources de revenus. Il est doué pour les placements. Il a le sens de la stratégie en ce domaine et il n'est pas gaspilleur. Il connaît beaucoup de monde, surtout ceux qui possèdent de l'argent! Il peut fréquen-ter n'importe qui, mais il ne se liera pas avec n'importe qui, au cas où on le fréquenterait pour son argent! Il pourrait un jour dans sa vie avoir vécu l'expérience de l'exploité, mais on ne l'y repren-dra pas deux fois. Il est beaucoup trop intelligent pour ça!

Sa douzième maison, celle de l'épreuve, évoque souvent une suite de maux de tête, naturellement dus à une surcharge men-tale. Sa mécanique ne s'arrête pas! L'adolescence pourrait com-porter une épreuve, mais il s'en sort. Sous le Bélier, l'épreuve n'est que de courte durée, et comme le Bélier est le troisième signe du Verseau, aussitôt que tout est rangé dans sa tête, que le problème est résolu, le mal de tête disparaît! L'épreuve vient également par l'aspect de Mars dans sa carte natale.

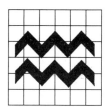  **VERSEAU
ASCENDANT
GÉMEAUX**

Double signe d'air, la communication est rapide. La nature est nerveuse, tendue, et en même temps elle affiche son petit air de supériorité intellectuelle!

Il connaît bien des choses, il écoute la radio, la télévision, il lit les journaux, il écoute les potins, les nouvelles et j'en passe... Il se tient au courant.

Et avec lui vous pourriez vous sentir sur le 220! Uranus du Verseau est la planète de l'électricité et Mercure du Gémeaux, un signe d'air, le mouvement rapide qui circule par les ondes...

Doué d'une grande finesse de perception, il sait manier les nouveaux concepts et les adapter. L'intelligence est vive et toujours en mouvement pour recréer, améliorer, aller plus vite. Avec lui tout est possible, il ne nie rien. Il a du talent pour tout ce qui est abstrait, et autant avec le monde du concret.

Il aime se déplacer, mais c'est surtout à l'adolescence qu'il se fait explorateur. C'est son signe fixe du Verseau qui le stabilise. Il aime les gens, la compagnie. La solitude, bien qu'il puisse la vivre, ne lui plaît pas du tout. Il préfère les contacts humains, les conversations, les échanges d'idées.

Il est sympathique dès que vous l'apercevez. Il a l'oeil vif et rieur. Et vous sentez très bien qu'il a envie d'une petite causette, histoire d'en savoir un peu plus sur vous.

Il arrive, dans certains cas malheureux, que ce signe soit menteur, ou qu'il farde la vérité, surtout à son sujet. Cela a nom la prétention. Cas rare! Rare en effet, car ce double signe d'air est amoureux de la vérité.

Les amours sont plutôt instables. Que voulez-vous, cette personne se laisse distraire par une foule de choses, de gens et d'idées qui l'attirent. Comment pourrait-elle prendre le temps de ne s'intéresser qu'à une personne?

En fait, ce que ce natif demande à un partenaire sentimental, c'est de le distraire, de lui parler, le faire rire, le faire sursauter, l'impressionner. Ce jeu d'enfant finit par fatiguer celui qui aspire peut-être à une vie d'adulte plus simple et plus réaliste. Il faut être bon acteur pour garder ce Verseau fidèle, pour que chaque jour il rentre voir le nouveau spectacle.

Finalement l'amitié prend plus d'importance que l'amour dans sa vie. Il aime amicalement.

Sa deuxième maison, dans le signe du Cancer, sixième signe du Verseau, lui fait gagner sa vie. Elle n'est pas donnée et il n'est pas aussi chanceux financièrement que le Verseau précédent, mais il s'amuse beaucoup plus! Doué pour les lettres, il sait s'exprimer avec beaucoup d'émotions quand il croit à quelque chose! Autrement, il peut vous tenir un discours froid, tout fait de formalités et très poli. L'argent qu'il gagne, le plus souvent c'est pour faire vivre sa famille à laquelle il tient beaucoup... même si, comme tant d'autres Verseau, il est plus souvent absent que présent. Ce natif aura été aimé et protégé par sa mère. Il n'aura rien à regretter de ce côté. Il pourrait même, à un moment, réagir contre cette abondance d'affection qu'il considère comme une possession et une entrave à sa liberté d'action.

Sa troisième maison, dans le signe du Lion, lui donne le sens du théâtre. Il pourra s'exprimer royalement et vous retiendrez bien ce qu'il vous dit. Il aime la discussion, surtout si on lui tient tête. Il a horreur de s'ennuyer. En amour, il faudra de fréquentes conversations pour garder le contact. Cette position met sa fidélité en doute. En fait, il était simplement curieux de connaître une autre personne! S'il est parent, il aura une bonne communication intellectuelle avec ses enfants et pourra coopérer de près à l'orientation de leur vie, sur le plan intellectuel, naturellement. Le Lion étant le septième signe du Verseau, et ici la troisième maison, il y a possibilité que le natif ait rencontré sa première conjointe à l'adolescence, ou très jeune s'il en était sorti. Bien que la plupart des Verseau se marient avant quarante ans, il est conseillé à ceux qui ne l'ont pas encore fait d'attendre cet âge avant de signer un contrat pour la vie! Ce type aime trop sa liberté et supporte tellement mal les restrictions qu'impose une vie de couple!

Sa quatrième maison, qui représente le foyer dans le signe de la Vierge, symbolise un foyer où la paix n'était pas vraiment assurée. La famille a pu vivre des revers financiers et la mère, subir quelques peines en rapport avec le père du natif. Celui-ci aura appris de sa mère le sens pratique de la vie. Cette position peut provoquer des périodes de crises émotionnelles quand la Lune passe dans cette maison! Fort heureusement, elle n'y passe que deux jours par mois, exceptionnellement deux et demi. Cette position donne un grand sens de l'analyse et la facilité de parole. Le natif peut clairement exprimer sa pensée. Vous connaîtrez son opinion sans détour si vous la lui demandez. Il est plutôt direct.

Sa cinquième maison, dans le signe de la Balance, lui donne l'amour des arts. S'il a des enfants, il se peut que l'un d'eux soit artiste. Il l'orientera alors dans cette direction. L'amour sera un idéal, le mariage aussi, mais en cas de routine, vous le verrez déchanter rapidement et se trouver beaucoup de travail à faire au dehors.

Sa sixième maison, celle du travail, dans le signe du Scorpion, également le dixième signe du Verseau, signifie que le natif a entrepris un travail difficile, a emprunté un chemin où il lui faut sans cesse pousser pour passer. Il pourrait choisir la carrière de médecin, d'avocat, de détective, de policier parfois. Il aura tendance à disperser ses intérêts, ce qui peut lui valoir un jour une perte d'argent. Bourreau de travail, celui-ci l'amuse. Il est infatigable. Le Scorpion étant un signe de sexualité et le sixième signe symbolisant le travail, il est possible alors qu'il ait des aventures sexuelles avec des personnes dans son entourage au travail. Il voudra considérer ses aventures sous un angle cérébral! Quel fouillis cependant dans sa tête! Une dépression pour lui tout seul!

VERSEAU ET SES ASCENDANTS

Sa septième maison, dans le signe du Sagittaire, laisse souvent présager deux unions, la seconde étant plus exaltante et plus riche que la première. Il peut cependant éviter cela, tout dépend du natif. Le plus souvent il sera attiré par des personnes exubérantes qui le stimuleront à aller plus loin. Comme chez bien des gens, il est possible qu'il lui manque 25 % de confiance et il appréciera qu'on le lui fournisse de temps à autre. Il aura tout de même du mal à divorcer si la routine le fait mourir. Il a un saint respect des contrats, ce qui, en principe, est contre la nature du Verseau qui habituellement ne veut pas se lier définitivement. Il pourra réfléchir longuement là-dessus. Possibilité qu'il rencontre sa conjointe dans le monde des sports, dans un centre sportif ou à la campagne.

Sa huitième maison, dans le signe du Capricorne, symbolise que le natif a pu vivre une épreuve par le père. Celui-ci a pu boire ou essayer de dominer le Verseau, mais celui-ci ne se laisse pas faire facilement. La grande sagesse lui arrive tout d'un coup, au tournant de la quarantaine. Même qu'à ce moment-là il peut voir sa carrière se transformer ainsi que ses objectifs. Longue vie à ce natif! Il est d'une grande résistance physique malgré sa nervosité.

Son Soleil se retrouve en neuvième maison, ce qui peut en faire un sportif ou une personne reliée aux sports. Cette position peut faire qu'il soit attiré vers la politique, le domaine de la justice ou la médecine, tout dépend des aspects de Jupiter et de son Soleil dans sa carte natale. S'il choisit plutôt un travail manuel, il sera en relation surtout avec le métal ou avec les explosifs! Il aimera voyager et il aura peut-être la chance de visiter de nombreux pays, à cause de son travail ou pour son plaisir. De toute façon, ce Verseau prend plaisir à tout ce qu'il fait. S'il fait un travail excitant, vous pouvez compter sur lui pour qu'il en fasse un jeu.

Le Verseau étant un symbole de télévision, de cinéma, on peut retrouver ce natif à un poste dans l'un de ces milieux.

Sa dixième maison, dans le signe du Poissons, le fait souvent hésiter dans ses choix de carrière. Il y a une grande possibilité qu'il poursuive deux carrières à la fois. Cette position est toujours à double tranchant pour l'argent: deux sources de rentrées et deux sources de dépenses sont possibles. Lorsque le natif aura atteint la quarantaine, vers quarante-deux ans environ, il pourra s'assurer deux revenus intéressants. Il devra, par contre, toujours faire attention aux bons vendeurs. Il peut se laisser prendre aux mots, et son petit côté adolescent, qui en fait ne le quittera jamais et lui permettra de conserver un air de jeunesse aussi, le portera à vouloir s'associer, leurré par de belles promesses!

Sa onzième maison, celle des amis dans le signe du Bélier, lui permet d'entrer instantanément en contact avec des gens dont il se fait ami si ça lui chante, naturellement! Sa position solaire, d'ailleurs, le préserve des mauvaises langues et des ennemis qui voudraient le déloger d'où il se trouve. Il aime parler, je l'ai dit plus haut, il aime l'humour, le rire, il est un amoureux de la communication verbale et intellectuelle. Cette position favorise une sorte de perpétuel recyclage, quoi qu'il fasse, où qu'il se trouve. On a toujours besoin de ses talents quelque part.

Sa douzième maison, celle de l'épreuve, dans le signe du Taureau, symbole de Vénus dans un signe de terre, donc de la chair... et de l'argent. La douzième maison étant un symbole du dissimulé et du sournois, voilà que le natif peut vivre des aventures cachées. Mais cela peut lui jouer un vilain tour, et peut-être venir brouiller un jour sa vie familiale! Il a tant de mal à se retenir! L'épreuve vient aussi de l'argent. Comme il conserve une certaine naïveté dans ce domaine, il lui faut apprendre que tout ce qui brille n'est pas or. Il pourrait mettre sa famille en difficulté financière s'il ne surveille pas où il place ses intérêts. Le Verseau étant un signe tenace, naturellement il s'en relèvera! Il lui faut vivre une évolution dans le domaine du coeur, il s'accroche trop aux apparences et il rêve de fantaisies amoureuses en dehors du lien sacré! S'il s'est marié trop jeune, la vie à deux, si elle s'installe dans la routine, risque d'être une épreuve pour lui et l'autre... à moins que cet autre ait le talent de le distraire et de l'épater continuellement!

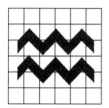 

VERSEAU
ASCENDANT
CANCER

Signe d'air et signe d'eau. Comment cette personne réussira-t-elle à comprendre ce qui se passe dans sa tête quand son coeur s'agite, l'inspirant pour une telle chose, et que la raison lui suggère d'agir autrement.

Le Cancer est gouverné par les émotions, et le Verseau l'est par la raison. Il s'observe, s'étudie, parfois il croit qu'il vient de comprendre ce qui se passe dans sa chimie organique et émotionnelle: c'est la faute du mental. Puis il se réexplique et il ne comprend plus rien de nouveau!

À la fois dépendant et indépendant, il exige comme un Verseau, il donne un ordre avec le sourire comme un Cancer. Il veut vous amener jusqu'à la Lune, mais il est parti en orbite autour d'Uranus!

Il prêche l'égalité et la justice pour tous, mais il pense tout d'abord à son confort. Il peut vous conseiller de partir comme missionnaire pour sauver les pauvres malheureux, et vous auriez bien raison d'accepter car c'est une belle cause, mais si vous lui demandez de vous accompagner, il ne le pourra pas. Sa mère, ou sa femme, ou ses enfants le retiennent ici... puis son sous-sol n'est pas encore terminé!

VERSEAU ET SES ASCENDANTS

Il a une tendance à la mélancolie qui, peut-être à la suite d'une déception, lui donnera le goût de boire, de se droguer. Une bonne excuse pour ne pas voir la réalité.

Il aura besoin d'encouragements car, comme Verseau, la diversité l'attire et il se dit qu'il faut connaître beaucoup de choses. Le monde est si grand, comment pourrait-on se contenter? Et avec un ascendant Cancer, si la Lune est d'accord avec ce qu'il fait, ça va, et si faire autre chose ce serait mieux, il est capable d'abandonner le premier objectif, d'en prendre un autre et de recommencer.

Sa deuxième maison, celle de l'argent, dans le signe du Lion, le signe juste en face de son Soleil, donc son septième signe, symbolise l'union. Il n'est donc pas impossible que le natif choisisse pour partenaire une personne ayant beaucoup de sous! Il peut faire un mariage d'affaires! En fait, il fait souvent son argent par le foyer ou au foyer; il peut venir du conjoint comme du fruit d'une activité artistique, ou des deux à la fois. Il arrive aussi que des intérêts financiers lient le natif à son conjoint. Ce natif aime le très beau, le très cher, le très luxueux, le très riche. Bref, rien n'est assez beau ni assez original pour lui. Cette deuxième maison, dans le signe du Lion, est une position d'argent, et on peut se poser de sérieuses questions sur les finances du natif. Avec de mauvais aspects sur son Soleil et sur Vénus, il pourrait un jour être riche et le lendemain n'avoir plus rien ou presque. Fortune soudaine, et perte tout aussi soudaine possible. Mais avant de l'affirmer d'une manière définitive il faut voir la carte natale du natif.

Sa troisième maison, dans le signe de la Vierge, en fait une personne intelligente, vive d'esprit et qui peut avoir plus d'un tour dans son sac pour vous vendre une idée et la faire accepter. Cette troisième maison, également le huitième signe du Verseau, peut faire du natif, en cas de mauvais aspects de Mars et de Mercure, une personne à la «langue sale»! C'est rare, heureusement! Ce type est fasciné par l'idée de la mort, chez certains ça peut devenir une obsession. Excellente position pour un médecin pathologiste, par exemple. En réalité, ce natif n'a aucune idée de destruction. Il vous le dira d'ailleurs. Mais, sans s'en rendre compte, il peut lui arriver de gruger l'énergie de son partenaire ou des gens qui travaillent près de lui parce qu'il veut être le premier et qu'il lui faut gagner la partie... sorte de partie d'échecs intellectuelle. Il veut gagner, mais pourquoi? C'est à lui à se poser la question!

Sa quatrième maison, dans le signe de la Balance, lui fait désirer un foyer, une maison confortable. Cette position, cependant, ne favorise guère les grosses familles, mais elle favorise une vie publique, une vie de vedette, ce peut être le théâtre, la danse, la musique, la chanson, la peinture également. Il est tout de même important pour ce natif que ses réalisations soient vues! Il s'agit ici de l'association Vénus-Lune-Jupiter, puisque la Balance est le neuvième signe du natif. Donc la popularité peut survenir si le natif travaille dans ce sens. Il peut même étendre son talent à l'étranger. Il pourrait aussi s'orienter dans un travail concernant les chiffres, la comptabilité. Dans ce cas vous le verrez grimper lentement mais sûrement les échelons qui mènent au luxueux fauteuil présidentiel! Continuellement actif quand il est à la maison, ce natif a toujours quelque chose à faire, surtout pour les femmes. La confection de vêtements peut occuper son temps. Ce ne sera pas ordinaire! Le chic et l'originalité sont à l'ordre du jour sous ce signe. S'il fonde une famille, ce sera souvent sous la pression de son conjoint. Il peut y consentir, mais il n'est pas certain qu'il s'y sentira à l'aise. Une personne de sexe féminin aura du mal à accepter de rester à la maison pour laver les couches, faire la cuisine... Elle préfère la vie sociale et ses activités.

Sa cinquième maison, celle de l'amour, dans le signe du Scorpion, le dixième signe du Verseau, ramène l'idée que l'amant ou la maîtresse de ce natif peut intervenir favorablement dans sa carrière. Il sera grandement stimulé de la part de la personne qui partage sa vie. L'amour sera plutôt vu comme quelque chose de pratique, qui fait grandir, mais dont l'évolution est axée sur le monde matériel, la réussite sociale, son élévation. Le natif apprend beaucoup dans ses relations amoureuses. Il est exigeant, mais on ne se plie pas toujours à tous ses caprices. Cette position, encore une fois, ne favorise pas la venue des enfants. Dans le cas d'une femme, l'accouchement pourrait même comporter plus de douleurs que la normale, et parfois un danger pour la santé du bébé.

Sa sixième maison, dans le signe du Sagittaire, lui fait souvent faire deux choses à la fois. Je vous l'ai dit, ce natif a grand besoin d'activités, de mouvement, de diversité. Il ne supporte pas la routine. Le 9 à 5, c'est très peu pour lui. Dans le cas d'un travail fonctionnel, il partira plus tard que les autres, en fera plus et mieux, ce qui lui vaudra des médailles. Doué pour exceller dans plusieurs domaines, son problème c'est de choisir. Il peut un jour être secrétaire; le lendemain, chanteur, acteur de cinéma, de théâtre, réalisateur, producteur, personnalité d'affaires, et la liste ne finit pas. Il faut voir les aspects de Mercure et de Jupiter dans sa carte natale pour constater lequel de ses talents il devrait exploiter pour vivre et être heureux. Cette sixième maison étant également la maison de la maladie, cette position indique tout d'abord une grande résistance physique et des périodes de dépression de courte durée dont le sujet sort en se lançant dans une action quelconque. S'il se permet quelques exagérations dans l'alcool, son foie peut devenir un point très vulnérable. De plus, il pourrait disperser considérablement ses énergies et dégringoler la pente plus vite que la moyenne de ceux qui abusent.

Sa septième maison, dans le signe du Capricorne, symbole de l'union, également douzième signe du Verseau, donc source d'épreuves, laisse présager que dans le cas d'une nativité féminine elle pourrait rechercher un protecteur plus qu'un amoureux ou un amant. Sorte de compensation souvent due à l'incompréhension possible que la native a pu subir de la part de son paternel. La native se sentira bien avec un homme considérablement plus âgé qu'elle, de qui elle pourra prendre des leçons de sagesse ou des leçons pratiques sur le métier qu'elle exerce. Dans le cas d'une nativité masculine, le sujet pourrait être attiré par une femme qui lui tient tête, qui décide à sa place. Mais le Verseau étant un signe masculin, il est bien possible qu'un conflit d'autorité survienne qui les éloigne. Possibilité aussi qu'il se choisisse une femme du genre tiède ou froide dans sa relation amoureuse, jamais au début, tant que la conquête et la possession ne sont pas assurées, c'est bien prouvé d'ailleurs. Le natif pourrait se retrouver avec une femme dépendante autant sur le plan émotionnel que sur le plan financier. Ce qui pourrait créer de sérieuses frictions puisque le Verseau aime la force, la résistance et l'indépendance sous toutes ses formes. Ce Verseau-Cancer n'est pas un dépensier, sauf en ce qui concerne le bien-être de sa famille. Les siens ne manqueront de rien, à moins de sérieuses afflictions dans sa carte natale. Dans le cas d'un natif masculin, l'ascendant étant un signe d'eau, donc fait de sensibilité, il y a possibilité que le «mâle» soit bien naïf dans sa jeunesse qu'il tient d'ailleurs à prolonger. Les femmes du même signe sont plus sûres d'elles et manifestent plus d'audace quand il s'agit de se lancer dans une nouvelle entreprise.

Son Soleil se trouve en huitième maison, symbole des transformations, de la mort, des héritages, de l'astrologie, des sciences paranormales. Vous avez là un Verseau qui vous devine à partir du moment où il vous a vu. Vous ne le tromperez pas, du moins pas longtemps et jamais deux fois. Il peut aimer l'argent par-dessus tout ou vivre pour un noble idéal qui, éventuellement, lui rapportera de l'argent. Cette position est plutôt radicale. Elle permet au natif d'opérer dans sa vie des changements directs, sans détours. Il peut être totalement honnête ou totalement malhonnête. Dans le dernier cas, vous pourriez mettre beaucoup de temps à vous en apercevoir, il est malin. Comme il a une nature de détective, il vous devine, et s'il doit jouer avec vous vous n'êtes pas sûr de gagner. Il aime dominer quelle que soit la route qu'il emprunte, quel que soit son royaume. Il parle au nom de l'humanité, mais il est bien au-dessus d'elle. L'humanité, c'est les autres, lui c'est différent. S'il doit faire une distribution de biens ou de droits, ce n'est qu'une supposition, il la fera, tout le monde sera servi également, mais il en aura gardé plus que la moitié. Dans sa tête il n'est pas injuste: il mérite beaucoup. Il est capable à la fois d'un égoïsme indescriptible comme d'une générosité à vous faire «tomber les deux bras».

Sa neuvième maison, dans le signe du Poissons, lui fait désirer les voyages au loin. Si vous pouviez lire dans ses pensées vous verriez qu'il n'a pas vraiment envie de revenir mais de pousser l'exploration. Vers l'âge de trente-cinq ans, il peut effectuer dans sa vie une foule de changements d'ordre philosophique ou d'ordre financier, adopter une nouvelle formule de vie. Tout dépend des aspects de Neptune, de Jupiter et de Vénus dans sa carte natale. Encore une fois revient l'idée d'une diversification de ses activités pour gagner de l'argent, et plus il vieillit plus il a envie de connaître en profondeur différents sujets. Position, je le répète, favorable à l'astrologie. Il aimera les croisières. D'ailleurs, l'eau aura un effet bénéfique, très calmant sur son système nerveux. Apparemment, il est calme, mais il ne serait pas surprenant qu'il ait quelques allergies d'origine psychosomatique.

Sa dixième maison, dans le signe du Bélier, troisième signe du Verseau, donne une personne douée pour les études, et qui peut faire volte-face dans une carrière pour en embrasser une autre! Il est imprévisible dans ses choix, mais il est chanceux,

VERSEAU ET SES ASCENDANTS

la réussite lui va comme un gant. Même s'il est sujet à de grands emballements intellectuels, il possède une grande faculté d'analyse et il peut choisir ce qui lui convient le mieux. Souvent il commence jeune à travailler, les événements l'y poussent, et il obtient rapidement du succès. Il supporte mal qu'on lui impose une discipline de travail. Par exemple, surtout à l'adolescence, s'asseoir sur un banc d'école, attendre que tout le monde ait compris... Lui il apprend vite, aussi il s'ennuie quand il se retrouve avec des gens au-dessous de son calibre mental et qui n'ont pas sa vitesse d'absorption. Mais quand c'est lui qui choisit un sujet d'étude, alors là vous n'avez pas la même personne, c'est un acharné, il dévore la «matière» qu'il a sélectionnée.

Sa onzième maison, dans le signe du Taureau, ne lui procure pas beaucoup d'amis. Il en a quelques-uns qui sont timides, d'autres qui n'aiment pas se lier avec n'importe qui, qui n'ont pas d'argent! Encore une fois revient l'aspect de l'argent. Si ce natif est orienté uniquement vers la possession et s'il en fait le but unique de sa vie, il se jouera un tour à lui-même et se sentira bien seul quand la plupart des amis l'auront abandonné. Cette position l'oriente vers un travail administratif ou artistique. Le plus souvent la voix de ce natif est douce à l'oreille, musicale, mélodieuse, et il n'a pas besoin d'être chanteur. C'est un cadeau que le ciel lui a fait, tout simplement. Il m'a été permis de constater plus d'une fois que ces natifs avaient la beauté en atout.

Sa douzième maison, dans le signe du Gémeaux, encore une fois ramène l'idée de la petite dépression! Il lui faut garder ses secrets pour lui, car on pourrait les utiliser pour le faire redescendre au cas où il grimperait trop vite et prendrait la place d'un ancien qui, lui, la convoite depuis longtemps. Cette position réserve quelques chagrins sentimentaux où le natif peut se faire dire, par la personne avec qui il partage sa vie, quelques vérités profondes qu'il ne veut surtout pas entendre. Le Verseau n'a pas que des qualités; son grand défaut c'est de manipuler, et si subtilement qu'on met du temps avant de s'en rendre compte, mais quand on le réalise, attention, il a droit au sermon, et il n'aime vraiment pas ça! Le Verseau ne voit pas que, dans son désir de venir en aide à l'humanité ou aux gens qui l'entourent, il cherche à garder le contrôle! Le contrôle s'éloigne de l'amour et même le détruit, l'amour ne contrôle rien, il est l'amour, le souffle qui alimente toute vie et qui n'a de raison d'être que l'amour lui-même. Je dis souvent que lorsqu'une personne ne trouve que des raisons d'en aimer une autre, il ne subsiste que la raison.

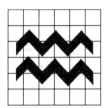  **VERSEAU
ASCENDANT
LION**

Vous ne l'oubliez pas quand il a passé devant vous! Vous pouvez le haïr ou l'aimer, il ne vous laissera pas indifférent!

Comme tous les signes qui possèdent l'opposé comme ascendant, ses bonnes oeuvres se retournent contre lui et, malheureusement le voile ne se lève que dans la quarantaine.

C'est un être fait de contradictions. Il est à la fois égocentrique et altruiste. Il voudrait tout donner et en même temps tout recevoir. Il veut agir dans le sens de ses intérêts, et sauver aussi la société qu'on exploite...

Il s'occupe de ses affaires personnelles, matérielles et financières, avec zèle et dévouement envers lui-même. Il peut devenir féroce comme un Lion quand vous lui prenez quelque chose qui lui appartient! Si vous n'êtes pas d'accord avec lui, si vous voyez la moutarde lui monter au nez, le poing se lever et le corps se raidir, soulevez les épaules, excusez-vous, vous avez un besoin pressant, et surtout laissez-lui le temps de se calmer.

On a souvent envie de le maltraiter. Il dit tout ce qu'il pense et pas toujours avec délicatesse. En public il est parfait; c'est dans

VERSEAU ET SES ASCENDANTS

l'intimité qu'il commet quelques erreurs, qu'il se montre un peu dictateur.

Il rend service et se dévoue. Fait étrange, il n'en a pas fait assez. On s'attendait à beaucoup plus de lui. Vivre avec l'opposé de son signe symbolise qu'on peut, pendant longtemps, rencontrer ce genre de difficulté. Il n'y a pas de manuel d'instruction qui enseigne comment penser beaucoup à soi et tout donner en même temps. Le temps permet de rétablir l'équilibre. Il faut juste lui faire confiance et éviter les mouvements d'impatience qui minent la vie, la sienne et celle de ceux qui en sont témoins.

Sa deuxième maison, dans le signe de la Vierge, également le huitième signe du Verseau, nous donne quelqu'un qui peut penser à plusieurs combines payantes, en même temps. Il fait très souvent de l'argent avec celui des autres. Pour lui, l'argent c'est avant tout quelque chose qui permet de bien vivre et d'économiser en vue de ses vieux jours, afin de ne dépendre de personne et de ne manquer de rien qui soit essentiel. Le natif peut exceller aussi bien dans un travail manuel que dans le monde du placement. Il peut également être habile avec les deux. Il aura pu vivre, à l'adolescence, une période financière pénible, la famille ayant subi des épreuves de ce côté. Il se retrouve donc avec son intelligence, son sens de l'astuce et sa détermination. Avec ça, il peut aller loin, là où il veut. Il n'a qu'à se décider. C'est d'ailleurs le lot de nombreux Verseau qui ont toutefois la manie de vous consulter mais d'écouter plus ou moins vos conseils, sauf quand l'avenir vous a donné raison et qu'ils peuvent maintenant s'y fier! Le natif peut essuyer des coups comme ça. Ceux-là, il s'en souvient particulièrement. Cette position lui donne un bon appétit, particulièrement chez les sujets mâles, le Verseau et le Lion étant deux signes masculins.

Sa troisième maison, dans le signe de la Balance, lui donne un bel esprit, le sens de la communication avec autrui. Il est bien rare d'en rencontrer un qui soit malhonnête, il faudrait alors que sa carte natale soit sérieusement en mauvais aspects. Il aura un grand sens de l'honneur et de la justice. S'il vous fait une promesse, il la tiendra; il est plus ferme que tous les autres Verseau là-dessus et l'exécution de sa promesse est plus rapide. Il aimera l'amour. Il est le plus romantique de tous, il essaiera de faire plaisir à son conjoint et il saura encourager quand l'autre prendra des initiatives. Comme chez tous les Verseau, le sens de la critique est développé et beaucoup plus que chez la Vierge qui, elle, tourne autour du pot avant d'affirmer quoi que ce soit. Le Verseau vous dit directement et franchement ce qu'il en pense, mais ça lui joue aussi de mauvais tours et il finit par s'en rendre compte.

Sa quatrième maison est dans le signe du Scorpion. Ici, encore une fois, revient l'idée d'un foyer où le natif a éprouvé quelques difficultés à prendre sa place. Il a pu être témoin d'un conflit entre ses parents et, sans s'en rendre compte, il en a assumé la responsabilité. C'est pourquoi il fera du mieux qu'il peut pour réaliser sa vie amoureuse. Mais les racines sont solides et plus puissantes qu'on l'imagine chez l'individu et il arrive que ce natif vive le rejet de la part de la famille qu'il a fondée, et plus fréquemment encore quand il s'agit d'un natif masculin. Une fois que sa femme lui aura fait des enfants, elle pourrait le congédier. Il pourrait alors se sentir pendant longtemps comme un oiseau amputé d'une aile, mais, miracle, l'autre finit par repousser! Un natif masculin qui vit ce genre de situation, sans s'en rendre compte puisque, avec le Scorpion, les forces subconscientes sont à l'oeuvre, aura choisi une personne qui allait le repousser un jour. C'est naturellement plus fréquent s'il a vécu des difficultés dans son milieu familial de naissance. Il peut alors y perdre beaucoup: biens, argent, et parfois même l'entreprise qu'il a bâtie. Il reconstruira, soyez-en certain. Double signe fixe, il ne démissionne pas face à la vie, comme ça. Dans le cas d'une femme de ce signe, elle pourrait, surtout si elle est mère, se comporter d'une manière trop autoritaire et créer dans son foyer un climat peu harmonieux. Elle pourrait protéger ses enfants à outrance, ne leur laissant aucune marge d'initiative ou de décision. Les enfants ne sont pas les parents et ils ont leurs idées bien à eux. Le résultat d'une éducation démesurément sévère, c'est tout simplement la révolte qui peut se manifester par l'usage de l'alcool et de la drogue, la fuite, l'insulte, les absences de l'école, et j'en passe. En tant que mère, la native doit surveiller son propre comportement. Ses enfants ne sont pas sa propriété, et il est bien prouvé que les enfants n'apprennent que par l'exemple. Si vous êtes une personne anxieuse par rapport à eux, ils le deviendront. Ils font aussi leurs racines suivant les plantes qui poussent dans le jardin de leur vie.

Sa cinquième maison, dans le signe du Sagittaire, présente la possibilité qu'un ou des enfants aient été conçus à l'étranger. Le natif pourrait aussi se retrouver avec les enfants des autres s'il survient une deuxième union dans sa vie. Cette position favorise les hautes fonctions publiques, l'ascension, l'accès à des postes de prestige. Il y a aussi possibilité que les affaires du natif le conduisent à l'étranger. Grande possibilité également qu'il tombe amoureux d'une personne d'une origine différente de la sienne. D'ailleurs, le mariage sera plus durable ainsi. Cela lui procurera de plus grandes chances de succès, d'expansion et d'évolution. Une union avec quelqu'un qui vient d'ailleurs le coupera de ses racines initiales, et lui permettra de se refaire une vie, surtout si le natif a été mal servi dans son milieu de naissance.

Sa sixième maison, celle du travail, dans le signe du Capricorne, fait de lui quelqu'un qui n'a pas peur de l'effort ni des longues heures de travail. Il est préférable que le natif bâtisse sa propre entreprise. Quand il est employé, il arrive fréquemment que les autorités soient contre lui. On a peur qu'il prenne trop de place et il le peut. Il sera donc mieux servi par lui-même s'il fonde sa propre entreprise et reste le seul maître à bord. S'il prend un associé, il court le risque d'en faire plus que l'autre, et de ne pas retirer plus de profits même s'il le mérite! Il vit avec l'opposé de son signe, alors il vaut mieux ne pas s'aventurer dans le partage financier: il a ce côté naïf qui le porte à faire confiance à des gens qui ne le méritent pas. Cette position indique que le père du natif a pu être malade et exiger que le fils ou la fille deviennent adultes plus tôt. C'est une possibilité dans cette position.

Son Soleil se trouve en septième maison, celle de l'amour et du divorce! Aussi il est bien difficile de maintenir une union si l'on vient au monde dans cette situation, à moins de défier les astres, ou de se connaître suffisamment et de connaître le conjoint à fond. Toutefois, sa recherche de l'harmonie entre deux personnes finit par lui donner raison et il pourra dire qu'un deuxième mariage c'est vraiment le bonheur, et qu'il faut connaître des moments difficiles pour apprécier les douceurs. Certains signes, le Verseau plus que tout autre, ont besoin d'un choc pour apprécier le moment présent, et ils le trouvent souvent par la voie du divorce. Cette position favorise autant les affaires que les arts. Malgré tous les obstacles que le natif peut rencontrer, il se bâtit une solide réputation dans le domaine qui le concerne et il devient la personne dont on a besoin. Il répond rapidement aux besoins de la clientèle quand il en a une, et avec le sourire, même si on le dérange à une heure tardive! Il se met à la place de l'autre!

Sa huitième maison, dans le signe du Poissons, fait de lui une personne très attirante sexuellement! Encore une fois, il pourrait avoir deux sources de revenus. S'il a de mauvais aspects dans sa carte natale avec Neptune, ce natif devra se méfier quand il aura fait beaucoup d'argent. Il est surveillé par les requins, nous sommes ici dans le signe du Poissons. Il y a parfois des gens qui pourraient en profiter malgré lui. Sur le plan financier, il peut se faire des ennemis sans le savoir. Il doit surveiller ses arrières! La Bourse peut lui faire gagner des sommes considérables, ainsi que les placements à court et à moyen terme. Il pourrait même être celui qu'on consulte pour ce genre de chose.

Sa neuvième maison, dans le signe du Bélier, provoque des voyages décidés à la hâte. L'amour en est souvent le motif. Les voyages lui portent chance. Il y a possibilité pour ce natif de vivre loin de son lieu de naissance, même dans un milieu où il y a un manque de communication. Il aime échanger les idées, entreprendre, créer, inventer. S'il se sent trop limité là où il est, alors il part, et vite, ne pouvant plus supporter qu'on le freine. Et il peut arriver que les enfants entrent dans sa vie sans même qu'il soit consentant, c'est surtout le cas des hommes. Les femmes, elles, pourraient un beau matin se lever et décider que le temps est propice à la maternité et voilà on s'engage.

Sa dixième maison, dans le signe du Taureau, indique qu'il accède à un poste administratif ou à une place de choix sur la scène, au théâtre ou à l'écran. Quoi qu'il choisisse, il a de grandes chances de le réaliser. Le Taureau étant son quatrième signe, il y a une grande possibilité, si le natif se lance en affaires, que l'entreprise démarre dans son foyer! Ce qui peut suivre est parfois moins joli, surtout quand l'entreprise prend toute la place et qu'il faut empiéter sur le territoire de la cellule familiale. Ce natif a toutes les chances du monde de vivre une retraite à l'âge où d'autres en sont encore à leurs balbutiements financiers! Ou, comme artiste, de décrocher des lauriers en dépassant, et de loin, ceux qui attendent depuis longtemps déjà!

Sa onzième maison, dans le signe du Gémeaux, le rend habile avec tout ce qui a trait au monde des lettres, de la paperasse. Il fait un excellent vendeur. L'expression verbale est bien développée. Si on le place dans un contexte où il peut apprendre une autre langue, il l'apprend vite. Son cerveau fonctionne à cent à l'heure et va droit au but. Ses amis seront surtout recrutés dans l'entourage du travail et, avec eux, il pourra encore discuter de l'expansion que l'entreprise pourrait prendre. Il est possible que ce soit par l'intermédiaire du travail qu'il fasse sa rencontre amoureuse, ou au cours d'un voyage relié à son travail.

Sa douzième maison, celle de l'épreuve, dans le signe du Cancer, indique un trouble profond qui perturbe le cercle familial, une rupture de la famille ou des gens qui ne s'entendent pas entre eux. Par contre, cette position favorise l'évolution de l'esprit et de l'âme du natif. Il sera rarement vengeur ou arrogant en face de personnes qui traversent d'importantes crises de mutation. Bien au contraire, il apportera son appui. Ça ne lui rapporte rien de concret, mais il peut toujours se consoler et se dire que lui, au moins, il est éligible au grand bonheur et à la réussite et peut-être bien que c'est le ciel qui lui envoie ça! Le Cancer étant le sixième signe du natif, la mère du natif a pu être une personne malade, bien que travailleuse jusqu'à épuisement. Le foyer est peut-être croyant, le natif peut avoir été élevé dans la foi, ce qui lui donne beaucoup de courage et la capacité de rallumer la flamme de ses énergies quand elle s'éteint ou qu'elle baisse trop. Vivre avec l'opposé de son signe n'est pas une mince affaire. Cela provoque de nombreux bouleversements à l'école de la vie. Le natif est un bon élève et il retient les leçons qu'il pourra, à son tour, retransmettre quand il sera vieux.

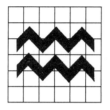  **VERSEAU
ASCENDANT
VIERGE**

Ce n'est pas drôle tous les jours de vivre avec lui. Hier il était d'accord pour faire une certaine chose, et aujourd'hui, ça ne l'inspire pas. Il a une autre idée, meilleure que celle d'hier... surtout que cette dernière vient de lui...

La recherche, la science, la médecine et les affaires des autres l'intéressent! Se mêler uniquement des siennes, s'occuper de ses affaires, ça lui demande un effort. C'est épuisant de se comprendre soi-même. Comprendre les autres, c'est plus simple!

Deux tendances sont inscrites dans cette nature, aussi puissantes l'une que l'autre: le bien et le mal!

Il fait le bien d'un côté et le mal de l'autre, comme ça c'est égal. Il dit du bien d'une personne et du mal de l'autre... il brise une chose et en répare une autre... vous lui faites à manger et il digère... il vous rend service, vous lui en devez un, mais un plus gros, cela fait partie de ses calculs.

La justice et l'égalité, voilà un calcul qu'il fait à sa manière. Il est prêt à tout vous donner, surtout quand il n'a pas grand-chose! Ou il fera semblant de ne pas avoir.

VERSEAU ET SES ASCENDANTS

La Vierge est un signe de terre, régie par Mercure, l'intelligence et le calcul subtil, bien décomposé et refait à sa manière de Verseau — le dominateur, le maître —. Il connaît tout. Demandez-le-lui, il vous dira que c'est tout à fait vrai. Son raisonnement ne peut être dépassé!

Il se fait du «vent» à lui-même. Il est bourré de complexes de ne pas être vraiment le meilleur, de ne pas pouvoir dominer tout le monde, ne pas avoir raison sur tout.

Vierge, signe double, dissimulateur, huitième maison du Verseau, sa propre destruction, sa reconstruction aussi. La volonté est laissée à la disposition du natif, s'il veut vivre sa vie dans la vérité ou le mensonge.

Il parle, il a toujours quelque chose à dire, ça ne suit pas nécessairement le fil, il se rompt et se reprend. Il se répète aussi, mais peut-être pas d'une manière identique...

Ce Verseau-Vierge veut sauver l'humanité de ses problèmes. Comment se fait-il qu'il n'y ait pas à manger pour tout le monde? La maladie ne devrait pas exister, la folie non plus. Mais que fera-t-il pour cette humanité souffrante? Il en parlera. Ça lui fait réellement pitié. Mais il songera tout d'abord à sauver sa peau, à la protéger, à la mettre en sécurité...

Il ne veut pas le laisser paraître, mais il a besoin qu'on le rassure. Quand il critique, c'est souvent pour se prouver qu'il est quelqu'un, qu'il a des opinions. Il tente sa chance, et peut-être vous épatera-t-il avec ses idées. Un jour il pourrait avoir besoin d'aide. Si le vous le connaissez bien, vous l'aurez certainement entendu critiquer autrui. Avant de lui apporter votre appui, vous hésiterez, vous pourriez avoir peur d'être critiqué comme il le fait avec les autres! Il ne s'en rend pas compte souvent, mais il vous décourage de l'aimer!

S'il prend conscience que les torts des gens ça ne le regarde pas, que s'améliorer lui-même est de première importance... alors il changera. Il saura se faire aimer parce qu'il est capable d'être franchement généreux et franchement honnête. Être un Verseau-Vierge signifie avoir le Soleil dans sa sixième maison, symbole de Mercure, et le Verseau est symbole d'Uranus: vous avez là un fou ou un génie, parfois les deux à la fois. Les aspects de Mercure avec Uranus sont des plus importants dans sa carte natale. En mauvais aspects, il devient insupportable et il est porté, par Mercure, à dire des paroles regrettables aux amis qui se retournent contre lui. En bons aspects, il est très sociable et chacun a envie de converser avec lui. Cette position donne normalement le goût de servir les autres, mais si on l'inverse — tout aspect peut être positif ou négatif — il s'arrangera pour se faire servir, oubliant déjà ce que vous avez fait pour lui. Il peut être un être réfléchi ou étourdi, c'est dire qu'il peut être merveilleux ou, par distraction, faire des bêtises qui nuisent à une collectivité, le Verseau étant le symbole de la masse. Un Verseau n'est jamais ordinaire. Il se distingue parce que sa vibration est puissante. Sa présence est remarquée sans même qu'il le veuille ou qu'il recherche l'attention. On le trouve immanquablement.

Le désir du pouvoir, de la domination existe en chacun des Verseau. Il veut contrôler autrui parce qu'il croit que ce qu'il pense c'est ce qu'il y a de mieux pour l'humanité. Verseau-Vierge n'est pas exempt de ces désirs. Celui-ci veut le pouvoir par les idées, les siennes. Il y a onze autres signes qui vibrent différemment et il lui faut en prendre conscience. Cela commence par l'observation, ensuite viennent la réflexion et l'acceptation que les différences forment un peuple, un monde où chacun joue un rôle tout aussi important que le sien. On a toujours dit que le Verseau est un être altruiste d'abord. Il est vrai que c'est sa première fonction. Il est à la fois le maître et le serviteur. Il ne veut pas toujours jouer un second rôle, il échappe ainsi à sa mission. La vie se charge alors de la lui rappeler; elle l'incite à donner du sien, c'est le plus beau cadeau que l'on peut se faire. La loi cosmique dit que tout nous revient et que celui qui aura donné beaucoup recevra beaucoup, et qu'à celui qui aura tout pris, tout sera enlevé. Le Verseau vit en pensant à long terme, au point d'oublier l'importance du moment présent. L'avenir est ce qu'il y a de plus incertain, au fond. Le Verseau veut le faire à sa manière, mais il doit penser à autrui et non uniquement en fonction de ses besoins. Un bon serviteur devient indispensable pour le maître.

Être un maître et perdre ses serviteurs, cela fait un maître bien solitaire. Un trop grand calcul enlève la spontanéité. Juger les gens sur leur apparence ou d'après leurs possessions est une grave erreur. Le Verseau-Vierge doit s'en corriger s'il veut vivre heureux: s'épancher sur une fleur fait vibrer de plaisir toutes les autres fleurs du même jardin. Faire du tort à une personne, c'est affecter toute une collectivité, une famille. Il n'y a pas un geste, pas une pensée qui n'ait une répercussion dans cet univers. Penser le bien, le beau, le grand, le noble, c'est se faire un cadeau à soi-même. Soupçonner le pire, c'est s'enlever ses chances de succès, et ça personne n'y tient. Comme le Verseau-Vierge a cette faculté de réflexion, il pourrait réfléchir à ces dernières lignes, faire un retour en arrière, surtout s'il vit des difficultés. Il en est responsable au plus profond de lui-même, qu'il s'agisse d'amour, d'affaires, d'enfant, de santé, etc.

Sa deuxième maison, celle de l'argent, dans le signe de la Balance qui représente l'union, suscite chez lui un attrait très fort pour la personne riche qui pourrait éventuellement l'épouser et lui permettre de vivre ses fantaisies. Il lui arrive de tomber amoureux du prestige de l'autre! Il en est tout de même qui gagnent honnêtement leur vie sans devenir le parasite de leur conjoint. L'argent pourra être habilement gagné par un travail dans le domaine des communications. Ce natif est un bon vendeur d'idées, un bon concepteur également. Il a un grand sens de la justice, mais il arrive que ce soit surtout la sienne! La Balance étant le neuvième signe du Verseau, elle symbolise alors l'étranger, les voyages. Il arrive donc que le natif fasse de l'argent par un travail qui autorise un déplacement, qu'il se déplace à l'étranger ou à cause d'un étranger. Pour lui, l'argent doit servir à s'offrir du luxe, de la fantaisie, et à bien paraître devant le monde! L'argent peut entraîner parfois la rupture du foyer ou devenir un grave problème soit quand il est jeune soit quand il fonde lui-même son foyer. Peut-être bien que c'est le conjoint du natif qui devra assumer les frais et les responsabilités de la vie familiale.

La troisième maison, celle de l'intelligence, est dans le signe du Scorpion. Ici Mercure, qui représente la troisième maison, est en position de destruction. Le natif doit surveiller ses paroles qui peuvent blesser et détruire autrui. Cette position le rend cachottier. Avec de mauvais aspects de Mercure dans sa carte natale, il peut être menteur. Le Scorpion étant le symbole de l'argent des autres, nous avons ici une personne qui, en termes négatifs, ne serait intéressée à vous parler que parce qu'elle peut vous soutirer de l'argent. Comme le Scorpion est le dixième signe du Verseau, il peut arriver que le natif vive un choc à cause de la carrière qu'il vise. On peut l'utiliser, se servir de lui pour passer des messages, sorte de travail d'espion qui, finalement, plutôt que de lui rendre service peut détruire en partie sa carrière ou rendre son ascension difficile. Avec de bons aspects de Mercure, le natif est curieux, il veut connaître le fond et le pourquoi de chaque chose, il s'intéressera à l'âme humaine et non pas à l'argent. Il sera bavard sur tout ce qui lui est extérieur, mais il ne vous dira pas ce qu'il ressent, ce qu'il vit profondément. Cette position engendre des périodes où le natif retourne ses pensées négatives contre lui en s'accusant même de ce dont il n'est pas responsable. Le natif sera ce qu'on nomme un buté. Il a alors tout intérêt à choisir la bonne voie! Il n'est pas exempt de distraction avec cette position. Il peut monter une entreprise et commettre des négligences qui peuvent lui coûter cher. Il aimera les livres, la lecture et tout ce qui peut le distraire de lui-même ou, tout au contraire, le renseigner sur les motifs qui le font agir. Le Verseau met parfois du temps avant de procéder à son auto-analyse. Il préfère s'occuper des autres.

Sa quatrième maison, celle du foyer, dans le signe du Sagittaire, signe double, lui procure souvent deux foyers, un à la campagne et l'autre à la ville. Le plus souvent ils seront luxueux, ou du moins très confortables. Cette position donne le goût de fuir son milieu de naissance. Ce natif pourra un jour s'établir à l'étranger ou loin de son milieu familial. Cette position le favorise dans l'achat ou la vente d'une maison. Il est aussi chanceux à la Bourse ou dans les investissements qui émanent du gouvernement. Il pourrait s'intéresser à la politique, soit par plaisir, soit par conviction. La vie à la campagne lui fait le plus grand bien. Elle l'aide à refaire son système nerveux qu'il use par nervosité et par quasi perpétuelle insécurité. Le plus souvent il préfère vivre à la campagne ou dans une banlieue plutôt que dans un centre-ville achalandé où le taux de pollution est plus élevé et où les klaxons le font sursauter! La quatrième maison symbolise la mère. Dans un signe double, elle indique que la mère est souvent une personne absente de la maison, qu'elle aime le faste, le beau et la facilité. Il est possible qu'elle ait tout ça. Si elle ne l'avait pas, elle presserait alors, consciemment ou non, le natif de rechercher un métier ou un travail rémunérateur qui lui assurerait ce qu'elle n'a pas. Le Sagittaire symbolisant la campagne, il y a possibilité que la mère y ait vécu ou y vive encore.

Sa cinquième maison, celle de l'amour, dans le signe du Capricorne, également le douzième signe du Verseau, symbolise l'épreuve. Le natif peut donc vivre retiré ou en solitaire, l'amour étant souvent considéré par lui comme une chose pratique, courante, ou qu'on doit vivre parce que tout le monde le fait. Cette maison représente aussi les enfants du natif. Il se peut qu'il ait quelques problèmes de communication avec eux. Un enfant peut être conçu tardivement, à son grand étonnement!

Son Soleil se trouve en sixième maison, ce qui fait de ce natif une personne douée pour le monde des lettres, le commerce, la médecine, la pharmacie, et tout ce qui touche le domaine de Mercure, englobant également les déplacements sur la route. Il voudra que son travail ait une portée pratique, au service de la masse. Les aspects de Mercure, dans sa carte natale, indiquent le genre de travail auquel il s'adonnera. Il préférera le travail à la vie au foyer, dans le cas d'une nativité féminine. Pour un homme, il pourrait faire de longues heures plutôt que de rentrer tôt à la maison. Cette position rend le natif nerveux et il ferait mieux de s'accorder des moments de détente et même de s'abonner à un centre de relaxation.

Sa septième maison, dans le signe du Poissons, laisse présager deux unions, surtout avec de mauvais aspects de Neptune et de Vénus dans la carte natale. Étrangement, le natif sera attiré par des personnalités indécises qui, au fond, le manipulent plus qu'il ne le croie. Comme le Poissons est le deuxième signe du Verseau, donc son symbole d'argent, il y a possibilité que le natif doive se fier sur les biens du conjoint ou sur sa participation financière pour l'aider à subvenir à ses besoins. Cette position conduit à la dissolution de l'union sans que le natif en connaisse la véritable raison. Possibilité également que le natif se retrouve avec un conjoint à tendance dépressive. Avec de bons aspects, il peut rencontrer une personne généreuse de ses services, à l'âme missionnaire même, et qui a des relations avec la médecine physique tout autant que la médecine de l'âme, une personne altruiste.

Sa huitième maison, dans le signe du Bélier, indique que les transformations dans sa vie se produisent rapidement. La huitième maison étant celle du Scorpion, symbole de Mars, de la sexualité et le Bélier également symbole de Mars, il y a possibilité que le natif soit obsédé par des désirs sexuels puissants. Cette position ne favorise guère la fidélité. Ce natif a sans cesse besoin de bouger en parlant ou de parler en bougeant! Le Bélier étant le troisième signe du Verseau, et Mercure le mouvement sous la poussée martienne, cela peut parfois provoquer des coups de tête, des paroles prononcées sans réflexion comme autant de poussées littéraires si le natif s'adonnait à l'écriture. Il pourrait voyager beaucoup dans sa vie et sillonner le pays en voiture.

Sa neuvième maison, dans le signe du Taureau, symbolise les voyages dans le luxe, la plupart du temps. Voyage pour visiter la famille, le Taureau étant le quatrième signe du Verseau, symbole du foyer. Encore une fois revient ici l'idée d'une résidence à la campagne, du moins loin de la ville, ce qui est préférable pour son système nerveux. Cette position lui donne le sens des affaires dans les négociations.

Sa neuvième maison étant le symbole de la philosophie dans un signe de terre, le Taureau étant, lui, un symbole d'argent, il y a de fortes chances que le natif développe pour philosophie que l'argent il n'y a que ça qui compte! Vous remarquerez qu'il pourrait parler contre l'argent et contre l'abus que les gens riches en font. Observez-le bien... il aimerait se retrouver à la place des riches afin de pouvoir faire quelques abus, s'offrir du luxe. Vous n'aurez qu'à lui poser des questions sur ce qu'il ferait à la place d'un tel qui, lui, s'offre tout. Au cas où il ferait fortune, il voudra certainement vous épater en vous offrant une fantaisie peu commune, surtout s'il a décidé de faire votre conquête. Il aime le tape-à-l'oeil et se laisse prendre par les apparences.

Sa dixième maison, dans le signe du Gémeaux, signe double de Mercure peut le faire hésiter dans ses choix de carrière. Il sera doué pour les longues études à moins de mauvais aspects de Mercure. Il prendra plaisir à développer ses connaissances. Il pourrait même poursuivre deux carrières en même temps. La dixième maison étant celle de Saturne, dans le Gémeaux, symbole de Mercure, le natif peut donc accumuler une foule de connaissances qu'il n'aura pas vraiment assimilées ni transposées dans un monde pratique. Il sait, mais il n'applique pas. Le monde de l'édition, du livre lui est favorable. Encore une fois, cette position peut laisser supposer que le natif devra effectuer des déplacements nombreux en rapport avec la carrière. La dixième maison, représentant le père du natif, symbolise un père généralement nerveux, aux idées nombreuses, qui adopte deux façons de vivre, une pour la vie intime et une autre pour la vie en société. Le Gémeaux étant le cinquième signe du Verseau, sa maison d'amour, le natif est aimé de son père, mais ce dernier, dans un symbole mercurien, donc de raison, peut avoir oublié de lui apprendre à exprimer ses émotions.

Sa onzième maison, celle des amis dans le signe du Cancer, sixième signe du Verseau, rappelle que le natif aimera recevoir chez lui ceux qu'il considère comme ses amis et qui partageront son travail. Cette position encore une fois rend le natif bavard. Dans le cas d'une personnalité masculine, la onzième symbolisant Uranus et le Cancer, la Lune, Lune-Uranus, le natif sera attiré par toutes les femmes! Dans le cas d'une personnalité féminine cette position peut parfois créer un attrait pour le lesbianisme. L'homosexualité masculine n'est pas non plus impossible, mais c'est plus rare. Le natif aimera se rendre populaire auprès de ses amis qu'il considérera presque comme des membres de sa famille. Uranus et la Lune, Uranus qui symbolise les chocs, et la Lune qui symbolise la mère. Le natif pourrait vivre un choc émotif en rapport avec la mère dans sa jeunesse et avoir une vive réaction dans la quarantaine vis-à-vis des autres femmes dans le cas d'une nativité masculine. Dans une nativité féminine, celle-ci pourrait considérer les autres femmes comme des rivales. Uranus étant une planète explosive, il y a possibilité d'éclats négatifs entre le natif et la mère, ce qui peut avoir des répercussions à l'âge adulte, dans la quarantaine, et se transformer en une sorte de révolte et de dépression. De bons aspects de la Lune et d'Uranus dans la carte natale corrigent cette tendance.

Sa douzième maison, celle des épreuves, dans le signe du Lion, septième signe du Verseau, symbolise l'union et les épreuves à travers l'union. Généralement, le Verseau-Vierge, s'il se marie trop jeune, risque de vivre certains problèmes, son choix étant précipité.

Position qui indique également que le natif devra donner de l'attention à ses enfants, s'il en a, afin d'éviter un éloignement de leur part, par manque de compréhension et de tolérance.

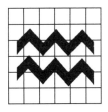 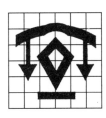 **VERSEAU
ASCENDANT
BALANCE**

Artiste, philosophe, original, excentrique, sympathique, beau à voir, bon, aimable, serviable... la liste s'allonge et il aime bien entendre parler de lui en ces termes. Tout à coup il vous regardera et vous dira qu'il n'est quand même pas parfait...

Il déteste la violence, les discussions agressives, bien qu'il sache se défendre. Il préfère l'harmonie et la paix en tout temps.

Il peut régler un conflit par un mot, ou un cri, mais s'il doit utiliser la dernière méthode le supplice ne durera pas. Il est spontané, franc, perceptif, analytique, attachant et généreux. Dans sa générosité il ne vous donnera rien de concret comme tel, mais une solution. Il se débrouille par ses propres moyens et vous devriez en faire autant. Inconsciemment, ou même consciemment, il a compris que les choses que l'on donne sont rarement appréciées... les idées, il en a plein, et il vous les donne.

Il ne recherche pas les honneurs, mais la reconnaissance amicale. Il veut se sentir bien avec les gens et qu'on se sente bien avec lui. Il travaille fort dans la vie, il la gagne. Il pourvoit à ses besoins et ne voudrait dépendre de personne, ce n'est pas son genre. Infatigable, pour le mettre à bout, il lui faudra faire de longues heures supplémentaires et s'acharner deux fois plus que ceux qui partagent le même travail. Malheureusement, on est peu reconnaissant envers ce qu'il fait pour les autres. Peut-être bien qu'au fond de lui, sans s'en rendre compte, il s'est interdit de recevoir... C'est un mouvement de l'esprit qui se crée souvent à l'insu même du penseur.

Il aime voyager, voir de nouveaux pays, vivre de nouvelles expériences. Il trouve quelque chose d'agréable à tout et partout. Il ne s'attachera pas aux inconvénients, le moins longtemps possible en tout cas.

Il n'a rien de prétentieux et sa maison non plus. Elle est accueillante, confortable, charmante et paisible. Vous y ressentirez peut-être une espèce de flottement, c'est un double signe d'air, après tout, qui en a fait la conception!

Il travaille souvent à deux endroits à la fois. Vous le verrez rarement afficher un air d'épuisement ou se plaindre. Il se ressource rapidement et a toujours une nouvelle idée stimulante.

Son objectif: aller vivre à la campagne, pour écouter les petits oiseaux lui chanter un bonjour. La vie serait belle alors, le matin au réveil. C'est un romantique qui ne perd toutefois pas la raison. Il peut lui arriver de commettre une bêtise, de faire une erreur, mais il la répare. Il ne peut supporter l'injustice, et s'il lui est arrivé d'être injuste, c'était bien malgré lui. Peut-être, ce jour-là, avait-il dépassé sa capacité de résistance?

Il a le sens de la conversation et trouve toujours le mot pour vous mettre à l'aise. Dès qu'il aura perçu chez vous l'intelligence et la bonté, vous vous en ferez un ami. S'il découvre le contraire, vous aurez droit à l'indifférence d'un courant d'air!

Sa deuxième maison, dans le signe du Scorpion, dixième signe du Verseau, signifie que l'argent ne lui arrive pas comme ça sur un plateau, mais l'exception fait la règle. La plupart d'entre eux doivent la gagner à la sueur de leur front. Il est tout de même prévoyant et il a un bon sens de l'économie, seulement si une personne qu'il aime se trouve dans l'affliction et qu'elle ait besoin de son argent, ce qui la sauverait du pire, ce Verseau videra son compte en banque et ira même jusqu'à faire un emprunt pour la secourir. Il en prendra la responsabilité. Son attitude face à l'argent, c'est qu'il en a besoin pour vivre, manger, se loger, s'habiller. Naturellement, il aime le luxe — qui ne l'aimerait pas? — mais sa priorité va à l'idéal, qui peut être un succès artistique, une oeuvre, un travail ou quelqu'un à qui il est prêt à donner le maximum de ce qu'il peut.

Sa troisième maison, dans le signe du Sagittaire, fait que bien qu'il soit d'une grande intelligence, il a un côté naïf, bon enfant, qui s'émerveille devant la nouveauté. Encore une fois revient l'idée d'un idéaliste, mais plusieurs le voient tout autrement. Il dit ce qu'il pense, franchement. Il s'emballe. Mais il n'est pas toujours agréable d'entendre ses quatre vérités. Qu'importe, il se fait un devoir de vous les dire, pour vous rendre service. Il vous avertira d'abord que vous n'êtes pas obligé de le croire, que ce qu'il avance, c'est son point de vue et ce qu'il a observé. Faites-en ce que vous voulez, lui, il a fait son devoir, et il a la conscience tranquille. Il arrive que ce natif n'aime pas vraiment l'école organisée; la vraie, c'est celle de la vie où l'on apprend dans le feu de l'action; même s'il faut se frapper sur les doigts, on retient mieux la leçon. Pourtant, s'il se passionne pour un sujet et s'il lui faut faire de longues études, il aura le courage de s'acharner et d'aller jusqu'au bout. Cette position fait un bon professeur. Il aimera la danse, la musique, le mouvement, la littérature. Il se dirigera généralement vers une carrière où il a de grandes chances de pouvoir vivre des déplacements et de rencontrer sans cesse de nouvelles personnes. Il aimera la conversation et comprendre ce qui s'est passé chez autrui pour qu'il en arrive à être ce qu'il est. Qui sait, il pourrait peut-être y apprendre quelque chose d'utile pour lui-même. S'il est mieux dans sa peau, les autres seront encore mieux avec lui. Cette conscience lui vient tout naturellement.

Sa quatrième maison, symbole de foyer, dans le signe du Capricorne, douzième signe du Verseau, symbole d'épreuve, d'où possibilité que le natif ait vécu ou vive des moments difficiles dans son foyer de naissance. Les règles de discipline ont pu être strictes et sans appel. Position étrange où la mère du natif a pu être celle qui portait les culottes. Elle a pu aussi subir l'épreuve de la maladie à force de travail et de dévouement. Possibilité que la mère ait fait abstraction de ses propres désirs pour soutenir sa famille au maximum. Le natif pourrait être à l'autre bout du monde, être débordé de travail, et tout à coup se souvenir de sa mère et avoir un «coup de cafard». Par ricochet, s'il vient à fonder un foyer, il pourrait se sentir totalement responsable de la sécurité des siens et tout prendre sur ses épaules. Résulat: rigidité de la colonne vertébrale, problèmes de dos. Comment peut-on, pendant des années, se promener avec un fardeau plus lourd que soi? On a beau être héroïque, il faut parfois déposer le paquet. Puis, prendre continuellement les responsabilités d'autrui, n'est-ce pas démontrer qu'ils ne sont pas assez forts pour mener leur propre vie?

Son Soleil se trouve en cinquième maison, ce qui ne favorise guère les grosses familles pour le natif. Le Verseau est beaucoup trop occupé par la vie sociale, le monde à sauver, pour se limiter à un cadre familial. Cependant, il peut se retrouver avec les enfants des autres, pour lesquels il aura le plus grand respect et aussi un grand dévouement. Position qui favorise les carrières en rapport avec les arts, le cinéma, tout ce qui touche le monde du spectacle, de la création, de la littérature d'avant-garde, naturellement. S'il entreprend une carrière sur scène, il l'aura alors décidé vers l'âge de dix-huit ans. Il aura de fortes chances de gagner la partie. Les obstacles ne le décourageront pas, du moins pas longtemps. Sa personnalité lui fait aimer le monde, la foule. Il déteste l'hypocrisie, l'inconscience, le manque d'honneur. Manquer à votre parole quand vous lui avez fait une promesse risque de vous attirer quelques-unes des foudres d'Uranus. Il a bonne mémoire. Il est plus sensible qu'il ne le paraît. L'amour et la passion sont ses centres de vie. Il se donne avec coeur à ce qu'il fait et il y mettra toutes ses énergies au point même de risquer sa santé.

Sa sixième maison, dans le signe du Poissons, est une position qui peut le conduire à toutes sortes d'emplois: cinéma, danse, musique, chant, ou tout travail comportant quelque chose qui n'est pas ordinaire, habituel, régulier, il n'est pas du genre 9 à 5, cette formule de vie ne lui plaît pas, il a trop besoin d'action et de surnaturel! À un moment de sa vie, l'argent peut filer doublement entre ses doigts, puis, à un autre, il entre en double dans ses caisses! Cette sixième maison, également symbole de la maladie, provoque chez lui des troubles sortant de l'ordinaire, troubles de Neptune, forcee subconscientes négatives qui agissent sur le corps et le forcent à s'arrêter pour une réflexion. Il n'est pas rare de constater qu'il a des problèmes avec ses pieds, ses intestins; il se nourrit mal, trop vite, pas assez, rarement il mangera trop. Son esprit est trop occupé, la digestion n'aurait pas le temps de se faire! Il aura souvent des malaises qu'il étouffera car il ne prend pas le temps de s'occuper de lui. Il se dit que tout va s'arranger! Au travail il peut être victime de racontars, de gens envieux. Il peut subir des pertes d'argent, il a prêté sur la bonne foi d'un ami et l'ami a disparu! Vénus-Neptune-Mercure maîtrisent cette position: l'art, le mystérieux, le mouvement. La créativité, quelle que soit sa forme, est puissante. S'il se lance dans une entreprise commerciale, vous pouvez être assuré que celle-ci ressemblera à nulle autre. Pour ce natif, le domaine de l'art est idéal. Il est une ouverture pour l'esprit, il permet la liberté d'action, le déploiement de la passion et le contact avec autrui ou pour autrui. Ce natif peut vivre un grand remous intérieur, mais vous ne vous en rendrez pas compte. Il veut être clair, autant avec lui-même qu'avec les autres. Il raisonne ses peurs, et pour s'en distraire, il se dévouera à une oeuvre, à un art, à un groupe de personnes ou pour la personne qui partage sa vie. Comme beaucoup de Verseau, il a la manie de dicter. Cependant, si vous le lui faites remarquer, il peut se corriger. Il ne voudrait surtout pas déplaire de quelque manière que ce soit. Si vous le voyez s'entêter dans une idée fausse et êtes certain qu'il est sur la mauvaise route, vous pourrez le lui dire, mais commencez d'abord par le complimenter, ensuite vous lui direz votre point de vue. Le Soleil en cinquième maison lui donne le goût d'être parfait! C'est ce qu'il vise!

Sa septième maison, celle du conjoint, dans le signe du Bélier, précipite ses unions. Autant ce natif est amoureux, autant il peut mettre du temps avant de se sentir profondément attaché à l'autre, surtout s'il a déjà vécu un échec cuisant. Possibilité de deux unions, surtout si un premier mariage a été contracté jeune. Une fois le lien affectif créé, le natif, s'il sent qu'il doit quitter la situation, prendra un temps fou avant de se décider à une rupture. Il n'a surtout pas l'intention de blesser. Il sera attiré par un conjoint actif, audacieux, communicateur. Il est essentiel, pour que l'union dure, que le natif ait de longues conversations avec l'autre. Comme il sent le besoin de tout expliquer, il pense qu'il en est de même pour son conjoint qui, lui, peut très bien n'avoir aucune envie de connaître les détails du comment, du pourquoi, etc. Il pourra vivre une crise de couple, comme chez tous les autres signes d'ailleurs. Cependant, il la vit en se demandant s'il n'est pas le fautif et s'il ne devrait pas reconsidérer sa position. En reconsidérant sa position, il peut en arriver à la conclusion que l'autre doit jouer un autre rôle ou adopter une autre attitude. Il est bien d'accord naturellement pour changer la sienne! Mais, il arrive que l'autre se sente très bien comme il est et qu'il n'ait nulle envie d'être autrement. Ce qui peut choquer notre Verseau s'il se voit dans un cul-de-sac, et voilà que s'annonce une rupture, mais ce sera long avant que tout soit définitif.

Sa huitième maison, celle des transformations, se trouve dans le symbole de l'argent, le Taureau. Ce natif est inquiet au sujet de ses finances, et plus il est inquiet plus ce genre de problème grossit. Il ne faut pas oublier que le magnétisme de ce signe est puissant, et la projection de la pensée tout autant. Les craintes se transforment en réalité, à son grand chagrin. Mais il finit par tout régler avec brio. Ce natif peut avoir une sexualité gourmande à l'excès durant un certain temps et, soudainement, il n'a plus aucun désir durant un certain temps qui pourrait, pour le conjoint ou l'amoureux, paraître interminable! Il pourrait croire que ses besoins sexuels sont ceux de l'autre et là-dessus avoir de sérieux arguments. Ce natif peut avoir des problèmes de vessie ou aux organes génitaux s'il y a des mauvais aspects de Mars et de Vénus dans sa carte natale.

Sa neuvième maison, dans le signe du Gémeaux, symbole des voyages, sixième signe du Verseau, donc du travail, laisse présager que le travail du natif comporte de nombreux déplacements. L'adolescence est une phase importante où le natif acquiert son sens de la vie, où il développe le respect envers autrui. Cette position ne favorise guère les longues études à moins d'aspects bénéfiques avec cette maison. Encore une fois, l'école de la vie est son meilleur apprentissage. Il apprend en plongeant dans le feu de l'action. Jeune, il veut son indépendance économique. Fort heureusement que, la plupart du temps, le ciel le place sur une route où il peut gagner confortablement sa vie.

Ce natif aimera partir, il aimera revenir aussi. Un jour vous pourrez l'entendre dire qu'il part pour toujours! Ne vous en faites pas trop, il reviendra, il est plus attaché qu'il ne le dit à ceux qui le côtoient régulièrement.

Sa dixième maison, celle de la carrière, dans le signe du Cancer, encore une fois favorise un travail en milieu artistique, puisque la Lune relève du monde de l'imagination, de la foule, de la créativité. Un domaine concernant l'enseignement aux enfants est possible. Il sera doué pour les achats d'immeubles. Cette position, qui symbolise le père du natif, indique que si c'est la mère qui porte la culotte, le père semble un personnage mou ou un travailleur qui n'a pas une très bonne opinion de lui. Sous ce signe et cet ascendant, le natif peut avoir des parents qui vivent ensemble et ne se comprennent pas, ou qui ne sont pas sur la même longueur d'onde. Jusqu'à l'adolescence, cette situation peut laisser le natif perplexe, sans sécurité et peu enclin à vouloir imiter les modèles parentaux, en conséquence peu enclin à fonder un foyer.

Sa onzième maison, dans le signe du Lion, lui donne le sens des relations publiques et lui attire des amis artistes. Il sera invité à des réceptions mondaines chez les gens bien. Possibilité qu'il rencontre son conjoint au beau milieu d'une fête d'amis à laquelle on l'avait invité. Il considérera son conjoint tout d'abord comme un ami. Certains signes ne sont pas aptes à accepter cet état de choses, mais si le coureur est assez patient, il a de fortes chances de se faire aimer plus qu'il ne l'aurait cru au départ. L'amour de son travail et l'amour qu'il a pour son conjoint peuvent lui permettre de vivre loin de son lieu de naissance. S'il reconnaît sa passion, alors il suivra l'appel de son coeur.

Sa douzième maison, dans le signe de la Vierge, symbole de Mercure, peut susciter des états dépressifs profonds, et le plus souvent la cause en sera le travail qui ne marche pas à son goût. Il rencontre des obstacles qui retardent ses projets, le but à atteindre. Il en arrive à se demander s'il ne doit pas mettre ses compétences en doute et puis,hop! il a ce qu'il voulait et il se dit qu'il ne se laissera plus prendre par le trouble émotionnel et intellectuel. Cette position indique que le natif doit élever le niveau de sa spiritualité, il compte trop sur ses seules forces plutôt que sur Dieu. Quand ça va bien, il sait dire merci, mais quand ça va mal c'est la faute du ciel... alors qu'en fait quand ça va mal, c'est tout simplement qu'il a tellement pensé que ça irait mal que sa pensée s'est réalisée. Comme tous les Verseaux, il lui faut sans cesse penser positivement, profondément, s'entraîner à vivre sa vie comme si le Soleil brillait en permanence. Question de pratique. Une fois qu'il aura expérimenté la puissance de son subconscient et des forces divines qui dépassent les siennes, il s'apercevra que tout est si facile et que s'il y avait cru avant, il aurait perdu moins de temps.

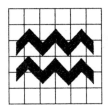 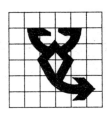 **VERSEAU
ASCENDANT
SCORPION**

Vous avez là un double signe fixe, et tous les deux sont dominateurs. Il y a toujours une histoire dramatique derrière eux, mais ils ne tiennent pas à en parler. Puisque c'est fini, dit le Verseau, allons de l'avant, mais souviens-toi, dit le Scorpion, de ne plus jamais te placer dans une situation dangereuse ou perdante!

La vie ne sera pas sans conflits ni difficultés. Elle ne lui fait pas de cadeau, mais lui dit: gagne-moi. Les hauts et les bas seront nombreux, tantôt parce qu'il aura été trop naïf et trop confiant, tantôt parce qu'il aura été trop méfiant et aura tellement attendu que la bonne occasion est passée!

Son caractère est puissant, il peut aller de l'altruisme à la tyrannie. Du saint au bandit! Il est inquiétant: il est à la fois séduisant et repoussant. Il semble vouloir s'attacher à vous puis, tout à coup, il vous dit qu'il est libre, que vous l'êtes, qu'il vous aime bien... et vous aurez l'impression qu'il ne tient pas à vous tant que ça et conclurez vous-même que vous le dérangez. Il n'est pas rare qu'il obtienne la réaction opposée à ce qu'il voulait obtenir. Il n'est pas clair dans son discours. Il se laisse une marge d'action. Et quand il sait ce qu'il veut, il ne demande pas, il ordonne.

VERSEAU ET SES ASCENDANTS

Une chose importe, il est le maître de sa liberté.

Vous n'attacherez jamais un Verseau et vous ne dominerez jamais un Scorpion. Il a bien quelques cordes sensibles, mais elles ne vibrent qu'en liberté, sans restrictions, quand il l'a décidé. Ne le flattez jamais inutilement, il vous devine et il se servira ensuite de vos compliments pour vous faire comprendre que vous devez le servir!

Il a la mémoire courte en ce qui touche les promesses. Il n'a pas la main généreuse quand il s'agit d'argent, à moins que ce ne soit inscrit sur son budget et qu'il ait de l'argent de surplus, ce qui est d'une extrême rareté.

Ses passions sont puissantes mais pas nécessairement durables. Dès qu'il voit que cela peut l'emprisonner, le restreindre, le limiter dans son action, vous verrez le feu de l'amour s'éteindre, étouffé sous le poids de la raison!

Le Scorpion est le signe des grandes transformations et il n'y échappera pas: le destin lui-même a tout prévu. En bien ou en mal, tout dépendra de la manière dont il vit sa vie. Le Scorpion fait justice et elle est radicale. Il punit, il récompense. Vous avez été un bon ou un méchant? Vous seul pouvez donner la réponse. La loi cosmique est quasi implacable pour lui, elle lui retourne le mal qu'il peut faire, comme le bien. C'est à ce natif de choisir. Nous avons la liberté en cadeau du ciel et ce sur une base d'égalité.

Sa deuxième maison, dans le signe du Sagittaire, lui procure souvent deux sources de revenus. Le natif aimera l'argent, non seulement pour la sécurité, mais aussi pour le luxe qu'il peut offrir et surtout pour les voyages qu'il peut permettre. Il est doué pour les placements. Il a sa réserve. Quand il vous dit qu'il est fauché, vous n'êtes pas obligé de le croire. Il peut fort bien ne pas être un millionnaire, mais sa marge de sécurité est là. Il est plutôt chanceux en affaires. Il risque rarement, et quand il croit risquer, le placement s'avère plus payant qu'il osait l'espérer. Il faut de très mauvais aspects dans cette maison pour qu'il soit financièrement mal pris ou qu'il fasse exprès!

Sa troisième maison, dans le signe du Capricorne, lui donne un esprit extrêmement pratique. Il n'étudie rien qui ne serait susceptible de lui rapporter quelque chose. Apprendre pour le plaisir d'apprendre n'est pas vraiment fonction de son organisation intellectuelle interne et chimique. L'objet de son intérêt mène quelque part. Ce natif est mentalement ordonné. Il aime également l'ordre autour de lui. Comme le Capricorne est le douzième signe du Verseau, son signe d'épreuve et de ce qui est caché, le natif peut avoir une nature dissimulatrice. Il ne vous dit qu'une partie de la vérité et vous devrez deviner le reste! Il cache aussi ses émotions. Il peut essayer d'en faire une abstraction, l'émotion étant considérée par lui comme une faiblesse. Cependant, comme n'importe qui il est humain, et un jour il devra en prendre conscience! Possibilité qu'il ait une grosse hérédité intellectuelle qui lui vient du père. Elle peut être positive ou négative, suivant les aspects de sa carte natale.

Le Soleil se trouvant en quatrième maison indique que le natif a été ou est très attaché à sa mère. Cette position favorise les emplois au sein d'entreprises organisées. Il peut obtenir un poste bien en vue ou du moins monter s'il le désire, si tel est son objectif. Il est tenace. Cette position favorise la famille, et souvent les liens familiaux entre ses membres sont intenses. Si le natif fonde un foyer, il saura créer un climat d'unité entre lui, son conjoint et ses enfants. S'il ne réussit pas, il en sera très malheureux. Il aime les enfants, et comme le Verseau symbolise les enfants des autres, il y a possibilité qu'il garde près de lui non seulement ses enfants, mais aussi leurs amis. Le Verseau est également le symbole des chocs. Dans cette quatrième maison, représentant la Lune, dans le cas d'une nativité féminine, celle-ci pourrait, un beau jour, décider de faire éclater le noyau familial. Il en va de même avec le Verseau et parfois il n'y a aucune raison d'agir ainsi, simplement le goût et le désir de vivre quelque chose de différent. Pour les hommes, avec de mauvais aspects dans cette maison, il y a possibilité qu'ils ne fondent pas de foyer, bien qu'ils le désirent ardemment. Le natif sera alors l'oncle bienheureux, bienvenu, celui qui amuse les enfants de ses frères et soeurs, qui les garde, qui dépanne dans les cas d'urgence. Possibilité qu'il vive à proximité de sa famille ou qu'il essaie de la voir le plus souvent possible. Bon communicateur, il est au courant de tout ce qui se passe sur le plan social. Il croit aux forces occultes, mais, comme tout bon Verseau qu'il est, il demandera une preuve. S'il l'avait, vous le verriez alors se lancer à fond dans cette recherche.

Sa cinquième maison, dans le signe du Poissons, sa maison des amours, donne une fidélité douteuse ou une fin étrange dans ses amours, un éloignement neptunien. Il peut quitter ou on peut le quitter pour des motifs mystérieux, inexplicables! Poussée psychique de la part de celui qui quitte ou du natif. Il sera attiré par les personnes sensibles et il pourrait essayer quelques manipulations qui ne lui rapporteraient pas le résultat espéré. Il aura la sensation d'aimer l'humanité, d'être tolérant envers la faiblesse, la pauvreté, le dénuement mais, ça accroche quelque part! Il n'est pas totalement désintéressé quand il est attiré par quelqu'un. D'un seul coup d'oeil il aura fait l'analyse économique de cette personne de qui, peut-être, il pourrait retirer de l'amour! Encore une fois cette position, surtout avec de bons aspects de Neptune, fait doubler ses investissements!

Sa sixième maison, celle du travail, dans le signe du Bélier, troisième signe du Verseau, lui fait décider précipitamment de son emploi du temps. Les changements sont rapides, sans avertissement. Analytique, il peut exceller dans le domaine de l'écriture, du journalisme. Doué pour la parole, il peut occuper un poste qui demande de la persuasion et un grand sens de la négociation. Il lui arrive également de dire des choses sans trop réfléchir, trop brutalement, et de froisser la sensibilité d'autrui. L'intelligence est vive et possède un pouvoir de décision rapide dans l'ordre de ses fonctions. Un travail mercurien lui convient bien, ce qui englobe, en plus du monde de la littérature, le commerce, la médecine, la pharmacie, les communications écrites ou verbales. Il sera un franc défenseur. Il aime la justice. La justice étant humaine et, selon ses critères, souvent personnelle, il n'est pas certain à 100 % que sa justice soit la même pour tout le monde, mais il essaiera d'avoir une vue d'ensemble, le Verseau étant un symbole de masse.

Sous des aspects négatifs de Mars, cette position peut entraîner au trafic de la drogue, de la prostitution, à la consommation excessive d'alcool, aux dérèglements hormonaux graves qui se traduiraient par des crises d'agressivité fort désagréables. Il peut alors être rusé, malhonnête, menteur, tricheur et même voleur! Il pourrait avoir un vif désir de détruire par la parole, d'oppresser, d'écraser ceux qui ne disent pas comme lui! L'aspect négatif n'enlève rien à son intelligence, sauf que le résultat sur autrui est loin de l'altruisme, de la délicatesse du geste et du mot! Cas rare, heureusement, mais je l'ai rencontré. Le tableau n'a rien de merveilleux et, généralement, la punition du choc en retour est plus grave que ne l'aurait supposée le natif.

VERSEAU ET SES ASCENDANTS

Sa septième maison, dans le signe du Taureau, donne de la stabilité à ses unions, du moins en a-t-il le désir. Il pourrait survenir une sorte de malentendu et parfois dispute avec les parents de son conjoint, ce qui entraîne inévitablement des répercussions sur la vie conjugale. Il sera attiré tout d'abord par une belle personne! Ensuite, une riche personne! Les apparences peuvent le tromper! En fait, une fois l'union contractée, il pourra exiger qu'on l'aime éperdument! Ça peut arriver comme ça dans les romans, mais plus rarement dans la vie. Il est facile de dire des «je t'aime», mais le plus difficile c'est de démontrer à l'autre à quel point l'affirmation est vraie! Là-dessus le natif peut être économe. Il délaisse lentement son conjoint qui, de son côté, finit par réagir d'une manière ou d'une autre. Ce peut être l'inévitable divorce, ou alors il faut reprendre le dialogue, et comme le natif a la manie de ne pas tout dire...

Sa huitième maison, dans le signe du Gémeaux, symbole de Mercure, de l'esprit, de l'intelligence raisonnable dans la maison des transformations, fait qu'un jour le natif devra vivre une réforme complète de son système de valeurs. Cela peut se faire brutalement, à l'intérieur de lui, ou progressivement, c'est tout de même plus rare, ce double signe fixe étant du genre radical. Cette position affecte le système nerveux, surtout avec de mauvais aspects. Il peut donner une intelligence totalement ancrée dans la destruction plutôt que dans la construction. Les aspects de Mars et de Mercure sont importants dans la carte natale afin de déterminer à quel clan le natif appartient. Si le négativisme l'emporte, rien n'est impossible à ce Verseau qui vient de s'apercevoir qu'il est isolé dans son espace et qu'il a tellement besoin de l'appréciation d'autrui. Se faire respecter par la peur, la menace, conduit ce natif loin de sa fonction première qui est l'altruisme. Ce Verseau peut être divinement génial ou diaboliquement génial, il a le libre choix.

Sa neuvième maison, celle des voyages, dans le signe du Cancer, sixième du Verseau, provoque des voyages de travail, d'études. Mais il aura envie de revenir chez lui. Il est le Verseau qui a le moins le sens de l'exil. Il tient à vivre sur les lieux de sa naissance, à moins d'aspects vraiment particuliers dans sa carte natale. Généralement, s'il part c'est pour revenir. Cette position favorise l'argent par la famille ou l'appui financier par la famille. Encore une fois cette position indique de la chance sur le plan matériel. Pour certains, il y a possibilité de faire de l'argent avec un produit fabriqué chez eux et exporté ailleurs.

VERSEAU ET SES ASCENDANTS

Sa dixième maison, dans le signe du Lion, lui fait désirer une carrière royale, une place d'honneur. Il aime le prestige. Mais comme le Lion se retrouve à l'opposé du Verseau, ce natif voulait briller pour briller, il risque malheureusement d'aller au-devant d'une déception. Pour être aimé d'un public il faut avoir quelque chose à lui donner avec son coeur. Dans le cas d'une carrière publique, le natif peut obtenir un grand succès et tout à coup retomber de son piédestal. Il a voulu se faire plaisir alors qu'on lui demandait de faire plaisir aux autres. Cette position engendre quelques désillusions sentimentales. Il a, par exemple, épousé une personne bien et tout à coup, une fois la conquête terminée, il se rend compte que cette personne est froide. Le natif peut également posséder un vocabulaire impressionnant et parler de l'amour en des termes flamboyants, mais sous l'effet de la dixième maison, soit celle de Saturne, ce peut être quelque chose qu'il a appris par coeur, qu'il a lu et retenu. Étrangement, on finit par se refroidir en face de lui, car on sent qu'il cache toujours quelque chose, il n'a pas tout dit, il a du mal à se mettre à nu. Avec cette position, si le natif vit plusieurs excès, entre autres l'alcool ou la drogue, il pourrait un jour avoir de sérieux problèmes avec son coeur physique!

Sa onzième maison, dans le signe de la Vierge, onzième symbole uranien, celui du Verseau, planète des chocs, des amis, des excès sexuels également: le voici placé dans le signe de la Vierge qui, elle, est le symbole de Mercure dans un signe de terre, signifiant à son tour le vice ou la vertu. Cette onzième maison est également le huitième signe du Verseau, le huitième étant à son tour le monde de la sexualité, des virus, de la pourriture, de l'alcool surtout, de la prostitution, bref de tout ce qui fait affront à la morale. Ce huitième signe est à la fois le symbole de la mort et celui de la résurrection. Nous avons donc là une personnalité qui peut un jour faire les pires choses, les plus offensantes, et tout à coup se transformer en saint, ou presque! Cette position, avec des aspects négatifs, peut entraîner à une certaine folie mentale, à une profonde dépression. Le natif, s'il a soif de pouvoir, pourrait s'entourer pendant longtemps de gens faibles, mais il ne se rend pas compte qu'il risque de devenir plus faible que tous ceux qu'il a dominés. Quand cette maison reçoit de bons aspects, vous avez, tout au contraire, un Verseau qui vient en aide à tous ceux qui souffrent et qui peut faire tout en son pouvoir pour vous apporter son aide. Il est plutôt rare de voir ce natif victime de la vie. La vie lui a donné une force d'action incroyable, il lui reste à en déterminer lui-même les règles du jeu.

Sa douzième maison, celle de l'épreuve, se trouve dans le signe de la Balance. Dans le cas d'un Verseau-Scorpion négatif, il serait totalement infidèle. Par ricochet, puisque tout se paie, il vivrait une douloureuse séparation autant avec le conjoint qu'avec ceux qui avaient cru en lui. Il peut aussi élever ses vibrations d'amour et les donner. Il pourra alors être un grand diffuseur de paix et d'harmonie. Il n'est pas rare qu'une rupture lui serve de leçon. Être abandonné, c'est la plus terrible chose qui puisse lui arriver, surtout s'il est le dominateur, le contrôleur. Mais qui donc a envie d'être contrôlé toute sa vie? Un robot, une machine, mais jamais un être humain. C'est une leçon qu'il est venu apprendre parmi nous: laisser vivre et aimer toutes les différences entre les façons d'aimer.

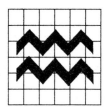 

VERSEAU
ASCENDANT
SAGITTAIRE

Cet ascendant provoque la chance! L'esprit est original, la personnalité est décontractée plus que chez la plupart des Verseau, du moins en donne-t-il l'impression. Le goût de partager est très prononcé; se transformer pour être plus fort, plus puissant est inné.

Il communique facilement avec autrui, avec les étrangers plus particulièrement. Il aime voyager. Son esprit est toujours parti dans une quelconque contrée exotique quand il n'y est pas de corps.

Il est habile dans l'écriture, le langage parlé, la radio, la télévision, le cinéma. Il peut aussi s'orienter vers la religion où il fait un excellent prêcheur, persuasif! Il peut devenir fanatique, mais, heureusement, les cas sont rares.

La limite lui pue au nez. Le mot incapable ne fait pas partie de son vocabulaire. Tout est possible à celui qui croit et qui veut.

Le Sagittaire à l'ascendant du Verseau adoucit son côté dictateur. Son autorité est adoucie par des paroles d'encouragement plutôt que par des ordres. La routine l'endort. Les mêmes amis qui lui raconteraient toujours la même chose aussi!

VERSEAU ET SES ASCENDANTS

Il lui faut de l'action pour qu'il soit heureux, autant dans son travail que dans sa vie amoureuse. Il a horreur qu'on prenne des habitudes, car elles tuent la créativité et la spontanéité. Il fait aussi un bon professeur, il a la patience qu'il faut pour expliquer et faire comprendre. Il veut être aimable et utile. En tant que professeur, il peut être comique.

Il apprend en plongeant au coeur de la vie, plus que par les livres, sauf ceux qu'il choisit lui-même de lire. Quant à son foyer, ce n'est pas une valise, c'est une roulotte, un avion, un train. Il n'aime pas rester à la maison. S'il fonde un foyer, il aura bien du mal à se consacrer à l'éducation de ses enfants! Le Verseau étant le symbole des enfants des autres, ce natif, avant de devenir père ou mère, devrait demander à une personne d'expérience ce que c'est que de prendre soin d'un enfant et de l'élever. Ça lui éviterait quelques désillusions. Trop souvent les parents ont oublié le temps qu'ils ont consacré à leurs enfants et ils font semblant que c'était facile... pour avoir des petits-enfants à faire sauter sur leurs genoux. Mais ce n'est pas facile d'éduquer des enfants. Les aimer demande qu'on fasse abstraction de soi durant plusieurs années, tout en continuant d'être soi, d'entretenir ses rêves. Il faut savoir que les enfants vous garderont jeunes si vous savez vivre avec eux... mais un Verseau n'est pas toujours prêt à consacrer sa vie à une famille, sa vraie famille c'est l'univers. Vous, Verseau-Sagittaire, demandez donc à vos parents la vérité sur ce qu'ils ont vécu quand vous étiez adolescent, naturellement si vous êtes à l'âge adulte; et si vous êtes un adolescent, observez combien vos parents sont toujours inquiets de vous voir devenir adulte et quels sacrifices ils font pour vous donner le maximum. Vous, Verseau-Sagittaire, vous aurez du mal à vous priver, à limiter votre liberté, l'appel du lointain est si puissant... si vous avez envie d'un enfant, réfléchissez, consultez...

Sa deuxième maison, dans le signe du Capricorne, lui donne le sens de l'économie. Il est pratique et ne veut pas dépendre de qui que ce soit. Il est indépendant. Sur le plan financier, il pourrait être naïf lorsqu'il s'associe et engage son argent dans une entreprise qui risque une dissolution mystérieuse. Il a nettement conscience, même quand il est jeune, que l'argent ne tombe pas du ciel et qu'il faut travailler pour en avoir. Manque de communication avec le père qui agit le plus souvent en pourvoyeur sans tenir compte du besoin émotionnel du natif. L'argent est parfois gagné dans un emploi gouvernemental ou dans une société établie depuis longtemps. Le natif pourra travailler même quand il aura dépassé l'âge de la retraite! Les vieux jours ce n'est pas pour lui, il compte rester jeune et agir.

Son Soleil, en troisième maison, en fait une personne vive qui bouge rapidement, à moins de sérieux aspects négatifs dans cette maison. Le natif aime les discussions, les arguments qui lui permettent d'aiguiser son jugement. S'il survient un moment de tranquillité qui se prolongerait un peu trop, il est bien possible qu'il trouve le mot qui aboutirait à un conflit! Ce natif supporte mal la solitude. Il aime la vie de groupe et se rendre populaire à l'intérieur de sa cellule d'action ou d'activités. Il n'est pas vraiment sportif, l'exception fait la règle. C'est un intellectuel qui aime les lettres, les mots, la logique et les contradictions que les mêmes mots peuvent contenir. Il aime les mesurer. Il possède également une puissance verbale peu commune. Il sait fort bien exprimer avec précision ce qu'il a à vous dire, et il ne passe pas par quatre chemins. Comme chez de nombreux Verseau, la critique est développée, ici beaucoup plus positivement que sous d'autres ascendants. Le natif est extrêmement sensible et vous le verrez s'agiter dans toutes les directions quand il est touché. Il est rare qu'il boude longtemps! L'adolescence est un moment déterminant chez lui. Il peut alors s'orienter dans une ligne directe et précise. À ce moment il aura continuellement envie de fuir la maison, comme d'autres types de ce signe. Il supporte mal la limite territoriale imposée par la famille. Il sera rarement un enfant unique, et il sera proche de ses frères et soeurs, les supportant dans leur démarche à l'âge adulte.

Sa quatrième maison, dans le signe du Poissons, symbole de la mère et du foyer de naissance, également deuxième signe du Verseau, indique que le natif considérera son foyer comme un support financier jusqu'au moment où il pourra s'en échapper. Sous le signe du Poissons, le foyer comporte un malaise caché, un secret que la mère porte et que le natif pourrait apprendre à l'âge adulte. Le Poissons étant un symbole d'infinie bonté et aussi de victime, la mère du natif peut être bonne, mais également avoir un comportement de victime face au natif. Et de temps à autre le natif subit le chantage émotionnel de sa mère. Il n'est pas sans s'en rendre compte. Le Soleil de ce natif étant en troisième maison, ses facultés d'analyse sont plus puissantes que sa mère pourrait le deviner.

VERSEAU ET SES ASCENDANTS

Sa cinquième maison, celle de l'amour, dans le signe du Bélier, troisième signe du Verseau, fait que le natif s'attachera particulièrement à des personnes qui bougent et qui s'activent tout autant que lui. Il sera tout d'abord amical dans ses flirts. Pour que l'amour dure, un lien intellectuel doit exister entre lui et l'autre. Autrement la relation ne tient, en fait, qu'à un cheveu. Il aime l'affection, la tendresse, le romantisme mais il n'est pas particulièrement sensuel, il peut même avoir une certaine crainte de la sexualité. Comme il est très cérébral, il peut développer la peur d'être envahi par un désir sexuel. Il pourrait considérer le corps, support de la sexualité, cela va de soi, comme une chose à laquelle il ne faut pas penser. Il y a le corps, il y a l'esprit, et des deux c'est l'esprit qui doit gagner, parfois en délaissant tant et tant la vie sexuelle que le natif se voit délaissé par son partenaire! L'amour platonique est passé de mode, il faudra qu'il s'y fasse. Cette abstraction de la sexualité est courante chez les femmes, rarement chez les hommes. Verseau-Sagittaire étant un double signe masculin, la personnalité, bien qu'apparemment féminine, a parfois du mal à exprimer sa sexualité. Vous remarquerez que la plupart des femmes de ce signe sont ultra-féminines dans leur habillement, leur coiffure, etc. Il y a évidemment toute une question d'éducation qui joue. Si une native est élevée selon des principes rigides et faits de sous-entendus tels que le sexe c'est sale, il est bien évident qu'elle limitera considérablement sa vie sexuelle.

Sa sixième maison, dans le signe du Taureau, maison du travail dans un signe vénusien, fait qu'il y a de fortes chances que le natif se dirige du côté de l'art, de la créativité. Vénus et Mercure intervenant ici, il y a possibilité que le natif soit attiré par le droit. Il sera travailleur, pourvu que le travail en question lui permette une certaine créativité et le laisse libre de ses mouvements et lui donne l'occasion de rencontrer de nombreuses personnes. Possibilité que l'amour et le travail soient liés. Cette position est extrêmement favorable aux écrivains. Cette maison représentant également la maladie, le natif peut être affecté par des maux de gorge et avoir une mauvaise digestion. Il devra surveiller son alimentation et éviter les courants d'air!

Sa septième maison, celle du conjoint dans le signe du Gémeaux, qui est également le cinquième signe du Verseau, laisse présager qu'un amour à l'adolescence se prolonge parfois jusqu'au mariage. Mais il faudrait presque un miracle pour que l'union tienne toute la vie! Le Gémeaux, un signe double, indique la plupart du temps deux mariages. Possibilité de nombreux déplacements avec le conjoint.

Sa huitième maison, dans le signe du Cancer, également le sixième signe du Verseau, annonce des changements majeurs au foyer du natif qui forcent celui-ci à choisir rapidement une orientation de travail. Le Cancer étant le symbole de la mère, celle-ci pourrait entretenir des idées négatives qu'elle transmet au natif, mais auxquelles il résiste. Cette position indique que le natif est fragile et résiste peu aux microbes. Il pourrait même attraper quelques virus au foyer. La mère ayant surprotégé le natif, inconsciemment quand celui-ci vit un stress, il a du mal à offrir de la résistance, laissant ainsi la place aux virus qui, pour leur part, préfèrent la moindre résistance. On le sait maintenant, une personne émotivo-négative offre un terrain fertile aux maladies de tous genres, de la plus petite à la plus grande. Le natif a tout intérêt à se relaxer dans le calme et à entretenir des idées positives s'il veut éviter de devoir s'aliter quand il a tant à faire! Cette position, bien qu'elle rende la santé du natif fragile, est une invitation à vivre très vieux!

Sa neuvième maison, dans le signe du Lion, signe opposé à son Soleil, annonce la possibilité que, vers sa trente-cinquième année, le natif décide d'aller vivre à l'étranger. Vers cet âge des changements majeurs dans l'orientation de la carrière peuvent survenir. Possibilité, si le natif s'est engagé dans une carrière littéraire, qu'il soit reconnu à l'étranger. Cette position peut aussi indiquer un enfant conçu à l'étranger. Vu l'ascendant Sagittaire qui favorise les carrières d'écriture pour le cinéma, la télévision ou pour toute forme d'animation, le métier d'acteur n'est pas non plus impossible. Il est rare que ce natif s'engage dans une carrière scientifique. Il est tellement idéaliste qu'il préfère créer les choses à la mesure de son imagination.

Sa dixième maison, dans le signe de la Vierge, huitième signe du Verseau, indique encore une fois qu'un changement majeur surviendra dans le domaine du travail du natif et qu'il réussira une carrière d'un type marginal. Il n'est pas vraiment fait pour le 9 à 5 dans un bureau. Le natif pourrait aussi s'engager dans une carrière de technicien, la technique touchant le modernisme, les ondes de la radio, de la télévision, le cinéma ou les ordinateurs. Il saura toujours bien gagner sa vie. S'il survient un arrêt de travail, le natif devra rester confiant. Il se retrouvera vite un emploi, à moins qu'il s'efforce d'entretenir en lui du négativisme. Le Verseau étant un être magnétique, il doit savoir que tout ce qu'il pense peut devenir une réalité. Il a intérêt à bien penser!

Sa dixième maison étant le symbole du père dans le signe de la Vierge, pour un Verseau ça symbolise que le père est autant travailleur qu'il est absent. Chez certains, le père peut boire et faire de la mère du natif une victime. Le père est représenté par la raison, l'intelligence, mais c'est également un père qui cache quelque chose. L'idée de ce qui est caché au natif dans sa famille revient à plusieurs reprises. Un jour il saura. Si le secret n'a rien d'agréable, le natif ne devra pas se sentir coupable ou responsable de la situation. Il n'a qu'à en retirer une leçon, éviter le même piège, par exemple.

Sa onzième maison, celle des amis dans le signe de la Balance, place sur sa route des amis artistes. De bons aspects avec cette maison peuvent orienter le natif vers une carrière d'avocat. Cette position place encore une fois sa vie de couple en danger. La onzième étant de la nature d'Uranus, soit le divorce, et la Balance, symbole de l'union, un mauvais aspect de Vénus et d'Uranus dans la carte natale indique qu'il faut réfléchir à deux fois avant de s'engager dans le mariage qui est «supposément» un contrat à vie! Le mariage ne sera pas sans éclats; le natif finit par étouffer si on lui crée des obligations ou qu'on le force à trop de formalités. Il ne supporterait surtout pas d'être surveillé, de se faire poser des questions sur ses allées et venues. Le conjoint ne tarderait pas à réorganiser sa vie sans ce Verseau-Sagittaire.

Sa douzième maison, dans le signe du Scorpion, symbole de l'épreuve, indique que le natif peut avoir des peurs irraisonnées concernant la mort, la maladie; c'est pourquoi elle a une telle emprise sur lui. Vous remarquerez comment de nombreuses personnes racontent un accident. Elles finissent ou commencent par vous dire qu'elles avaient terriblement peur d'en avoir un, d'égratigner leur voiture, etc. Il en est de même pour ce natif. Ses peurs deviennent une réalité. Le subconscient ne veut pas contrarier le natif, au fond. Il lui redonne ce qu'il demande. Il fait la conversation avec lui! Comme s'il lui disait: «Tu as peur de la maladie? C'est justement le moment d'en parler puisque tu en as une!» Cela n'a rien de drôle. La maladie est le reflet le plus souvent d'un état intérieur négatif. Une révision de soi, un retour intérieur permet de voir clair. Le natif a la possibilité de vivre une vie pleine de merveilles, il ne faudrait pas qu'il la gâche avec ses peurs, probablement celles aussi qu'on lui a transmises et qu'il a absorbées sans même s'en rendre compte. On ne peut imaginer à quel point on peut ressembler à ses parents. Que les racines soient bonnes ou mauvaises, il en reste toujours quelque chose. Si les racines sont mauvaises, alors il faut les arracher, accepter qu'elles l'aient été et faire de la place pour planter et laisser grandir ses idées à soi, sa vie à soi.

 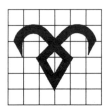

VERSEAU
ASCENDANT
CAPRICORNE

Nous avons ici un signe fixe, le Verseau, qui ne prend pas d'ordre et ne suit les conseils de personne, et un Capricorne, un signe cardinal qui commande. Le Verseau est un signe d'air et le Capricorne, un signe de terre. L'air et la terre, comment faire pour les unir? Le Verseau est une personne qui regarde en avant, vers l'avenir, et le Capricorne, un conservateur qui emmagasine, même les vieilles choses... on ne sait jamais quand ça peut être utile. Il ne faut rien jeter, dit le Capricorne. Mais voyons, dit le Verseau, tu vas manquer d'espace si tu continues à ramasser comme ça... Il ne lui reste plus qu'à agrandir sa maison ou son garage ou à utiliser une autre boîte à chaussures pour les petits bouts de crayons...

Il est autoritaire, froid, distant. Fort heureusement que cet ascendant Capricorne, qui le rend si sérieux, rajeunit en vieillissant et le soulage finalement de son anxiété.

Il s'inquiète pour lui, il s'inquiète pour les autres... surtout si ces autres pouvaient lui causer quelques dommages.

Il a le sens des responsabilités. Le Capricorne, à l'ascendant de ce signe d'air, rend l'air froid et il est intéressé à se chauffer en hiver. Il n'a rien d'une cigale... il serait plutôt fourmi, mais peut-être quelques heures par année s'accorde-t-il des fantaisies de Verseau, et prend-il le temps de s'émouvoir sur un maringouin qui pique et qui lui suce le sang! Pourquoi fait-il cela? Quelle est donc l'utilité de cette bête sur notre planète? Elle prend son sang, elle agace et ne rend aucun service.

Avec ce Verseau-Capricorne vous n'êtes intéressant que si vous êtes utile, indépendant, que vous n'avez pas besoin de son argent, le moins possible de son temps (c'est de l'argent), que vous êtes autonome et pas trop émotif. Il ne supporte pas les larmes, ni les drames, ni l'inégalité, selon son calcul personnel.

Il comptabilise tout, le temps qu'il prend à faire ceci, et s'il le faisait faire ça lui aurait coûté tant! S'il fait faire quelque chose, c'est toujours trop cher. Lui, il l'aurait fait plus vite et sans bavure! Quand il ne fait pas quelque chose lui-même, il remarque toujours un petit défaut!

Il peut avoir la politesse de vous demander votre avis sur quelque chose, mais il avait déjà tout décidé!

Force, intelligence et endurance sont réunies sous ce signe, il n'y manque que la sensibilité, après tout!

Mais qu'est-ce qu'un Verseau-Capricorne peut bien faire de la sensibilité? C'est pour les dames patronnesses, pour les pleureuses, et les faibles!

Son Soleil se trouve en deuxième maison, celle de l'argent. Ce natif pourrait être obsédé par l'argent, en faire, en avoir de côté, en avant, en arrière, dans ses comptes en banque secrets... jamais dans ses bas de laine, ça ne rapporte pas d'intérêts! Cette deuxième maison est régie par Vénus, de la deuxième maison, donc Vénus dans un signe de terre. Le natif se laissera prendre à la forme de l'amour, à la forme d'une belle femme, à la forme d'un beau gars pour une fille! Comme le Verseau est un symbole uranien, divorce, chocs, allié à Vénus il peut lui arriver de faire éclater son union dans tous les sens. Le Verseau étant un signe fixe, la deuxième maison représentant le Taureau, un autre signe fixe, le natif a, comme on dit, la «tête dure»! Sa vision de la vie peut, pendant longtemps, n'être axée que sur les apparences. Le Verseau étant un symbole d'amitié, vous le verrez se lier d'amitié de préférence avec ceux qui ont de l'argent; les autres il peut les négliger ou même les dédaigner. Le Verseau doit être, de nature, un altruiste qui s'occupe de réformer le monde pour le faire meilleur et plus juste. Le Taureau bâtit le monde sur des bases solides. De par sa nature, il est égocentrique et possessif. Ce Verseau peut donc être déchiré entre deux puissantes tendances, prendre et donner. Habile, il donne afin de pouvoir prendre. La grosse part du gâteau lui revient plus souvent qu'aux autres! Le Verseau étant un être de réforme, un jour il pourra inverser le processus, prendre afin de pouvoir donner plus.

Sa troisième maison, dans le signe du Poissons, l'intelligence dans un signe neptunien, fait que l'alliance de Neptune et Mercure peut le rendre rusé, dissimulateur, confus également dans la diversité et la multiplicité des idées qui circulent de par le monde. Cette position marque l'adolescence. Élevé dans un milieu où le mensonge fait loi, le natif n'en retiendra que ce sens et il croira que c'est en trichant que l'on gagne. Élevé dans un milieu honnête, il sera, au contraire, charitable. L'esprit de ce natif, dans le symbole du Poissons, signe d'eau, absorbe donc tous les messages subconscients qu'on peut lui envoyer. Le Poissons étant un signe double, la troisième maison étant aussi une maison en signe double, vous avez là une personne qui ne se repose jamais. Elle pense, repense, réfléchit et réfléchit de nouveau à ce qui avait été résolu. Cette position incite le natif à broyer du noir, à regarder le pire côté de chaque chose et, en tant que Verseau, le magnétisme est puissant et la projection de sa pensée devient une réalité. S'il se mettait à réfléchir au meilleur de chaque chose, les éléments de la vie s'ajusteraient pour donner raison à sa propre pensée. Il lui faut faire l'effort mental de vouloir être heureux. Il lui est facile de sombrer dans l'inverse, le ciel l'y incline. Le Poissons étant le deuxième signe du Verseau, donc son symbole d'argent ici, troisième signe de son ascendant, il lui est facile de conclure que l'esprit se tourne sans cesse vers le bien-être matériel, la propriété, la possession. Cette troisième maison en Poissons incline aux maladies d'origine nerveuse, psychosomatique. Certains peuvent faire de l'asthme, indication d'une grande insécurité. Vous pourrez observer chez le natif qu'il parle seul, il se fait des commentaires! Il supporte mal le silence et l'absence des gens. Il voudrait comprendre pourquoi il a tant besoin de communiquer!

Sa quatrième maison, celle de son foyer, dans le signe du Bélier, indique que le natif a pu avoir pour mère une femme emballée, une mère de feu, passant de la passion à la colère. Possibilité qu'il ait eu quelques accrochages avec sa mère. Cependant il n'en garde pas rancune, du moins dans la plupart des cas.

VERSEAU ET SES ASCENDANTS

Comme le Bélier est aussi le troisième signe, celui de Mercure, la raison, il a pu, s'il a vécu des problèmes de tout ordre avec sa mère, à l'âge adulte, les avoir raisonnés et oubliés. Cette position représente des déménagements décidés précipitamment, sur un coup de tête, sur une idée même. Le goût du changement est puissant chez le Verseau, et malgré un ascendant Capricorne qui le ralentit, de temps à autre il se fait ouragan, ou typhon! Le foyer de naissance aura pu être un lieu où le natif a appris à former son esprit. On lui a appris à se défendre avec les mots, ceux qui frappent l'imagination de l'adversaire de manière à lui enlever tout pouvoir de réaction. Dans chaque carte du ciel, les racines sont inscrites. On voit bien un arbre, mais on ne voit pas ses racines. Il en est de même pour chacun de nous. Nous recevons des instructions dans l'enfance, comme si nous étions sous hypnose. Nous absorbons et nous faisons nôtres les réactions du père, de la mère, des frères et soeurs. Ils deviennent une partie de nous, et c'est plus tard que nous avons le choix d'accepter ou de rejeter les données inscrites au plus profond du subconscient. Comme le Soleil de ce natif se retrouve en maison deux, celle du Taureau, un autre signe fixe tout comme le Verseau, le natif peut prendre beaucoup de temps avant de couper les racines subconscientes. Elles se sont bien enracinées dans la terre fertile du Taureau. Un jour le natif pourrait fonder un foyer; s'il a vécu des drames dans celui de sa jeunesse, il y a possibilité qu'il fasse revivre aux siens le même genre de situation, sous une autre forme, peut-être, mais avec les mêmes résultats. Si le natif est satisfait de lui et est heureux, alors il évitera cet aspect de la quatrième maison.

Sa cinquième maison, celle de l'amour dans le signe du Taureau, en aspect négatif avec le Verseau, lui fait voir l'amour sous un angle de jeu, d'amusement qu'il voudrait prolonger. Il n'est pas toujours réaliste de ce côté. Il a souvent la sensation qu'il faut acheter l'amour, qu'il faut aussi épater, prouver qu'on est brillant comme le Soleil qui représente la cinquième maison. Il s'accroche à des valeurs artificielles, des apparences. Dans le thème d'une femme, cette position apporte de la froideur, de la difficulté à communiquer en dehors de ce qu'elle voit. Cependant, à quarante ans, l'âge d'Uranus, soit celui du Verseau, il y a de grandes chances, devant l'évidence dont le miroir n'est qu'un reflet, que le natif se ravise. Cette cinquième maison représente également les enfants. Position contradictoire avec le Verseau: difficultés avec les enfants. Il pourra considérer sa progéniture, s'il a des enfants, comme une propriété qu'il faut entretenir et qui, un jour, rapportera des intérêts! Il voudra en être fier (quel parent ne le voudrait pas?) et pouvoir dire: voyez c'est mon oeuvre! Il court le risque d'être vu comme un pourvoyeur et rien de plus. Il aime ses enfants, il y est même très attaché, cependant l'amour suffit et n'a pas besoin de promesses de cadeaux! La cinquième maison étant un signe fixe, représentant le Lion, dans le signe du Taureau, également signe fixe, il pourrait se faire une idée de l'éducation et s'y engager à sa façon. Des enfants qui doivent réussir royalement, faire de l'argent, voilà ce qui pourra les rendre heureux! Sans doute que quelques psychologues pourraient l'éclairer là-dessus! On ne fait pas un enfant à son image, il est un produit mixte! Et quelqu'un de bien différent du père et de la mère, mais qui conserve de nombreuses racines.

Sa sixième maison, celle du travail, dans le signe du Gémeaux: ici nous avons une double position de Mercure, donc un homme orchestre au travail. Il fait tout en même temps et il peut aussi réussir tout en même temps. Le Gémeaux étant son cinquième signe, symbole d'amour pour le Verseau, il y a de grandes chances que ce natif soit amoureux du travail et qu'il en fasse une raison de vivre, plutôt qu'un moyen de subsistance. Le natif est un concepteur, extrêmement intelligent. Double signe de Mercure, la sixième ou Mercure de la Vierge et le Gémeaux également de Mercure, voilà donc un esprit avec une double raison et une faculté de raisonnement peu commune quand il parle travail. Il est imaginatif, de par Mercure du Gémeaux, et réaliste, de par Mercure de la Vierge. Il est également très bavard. Il a toujours une idée en tête, et si vous voulez suivre le fil de ses idées vous devez vous lever tôt. Il est physiquement nerveux. Il bouge sans cesse. Cette sixième maison étant aussi celle de la maladie, elle symbolise, dans ce double signe de Mercure, qu'il lui faut surveiller ses voies respiratoires et ses intestins. Encore une fois revient ici l'idée que s'il y a maladie elle est d'origine nerveuse et souvent due à un surmenage à cause de son travail. Pendant longtemps il peut occuper des postes subalternes. On pourrait même abuser de ses services, mais un jour on reconnaît son talent et le voilà à la direction. Cependant, il n'arrive que difficilement à être le premier, on lui donne le second rôle dans lequel il peut se complaire, sa raison lui disant que si le bateau coule ce n'est pas lui qu'on accusera.

VERSEAU ET SES ASCENDANTS

Sa septième maison, dans le signe du Cancer, symbole de la Lune, septième, symbole de Vénus, et Cancer qui se trouve à être le sixième signe du Verseau: encore une fois l'idée du travail prend le dessus. Il pourra laisser son conjoint dans l'ombre pendant qu'il travaille, mais il ne se trouve pas beaucoup de conjoints qui acceptent sans commentaires d'être utiles, quand on a besoin d'eux! Ce qu'il demande à l'autre c'est de lui être utile alors que si on l'a épousé selon la conception du mariage, c'est pour aimer et être aimé et non uniquement pour lui être utile. Il mettra longtemps avant de se rendre compte de la visualisation qu'il a de l'union. Ce qu'il n'a peut-être pas vu, c'est que, par ricochet, le conjoint finira par le regarder comme une personne utile lui aussi. La notion d'amour détachée de la raison ne lui vient que lentement et comme pour beaucoup de Verseau, il attend d'avoir ses quarante ans! Et il réalisera le tout d'une façon concrète à quarante-deux!

Sa huitième maison, celle des transformations, ou symbole du Scorpion, se trouve dans le signe du Lion, qui, lui, représente les enfants, et l'amour en lettres lumineuses. Le Lion est le signe opposé du Verseau. Possibilité que le natif soit séparé de ses enfants. Possibilité qu'il vive sa transformation intérieure à partir de ses enfants et d'où il pourrait décider de ne plus être ce qu'il était, naturellement s'il n'était pas satisfait de lui, ce qui arrive à de nombreux Verseau-Capricorne. Cette position peut parfois indiquer qu'un ou l'un des enfants s'adonne à la drogue, à l'alcool. Position qui peut, dans certains cas, indiquer un danger de mort pour un enfant. Un enfant conçu avant le mariage est possible également. Pour ce qui est de l'amour, nous retrouvons ici une association Lion-Scorpion. Le natif, au jour de sa transformation, indiqué par les planètes de son thème natal, pourrait vivre un amour-passion, allant jusqu'à la possession. Ce natif a bien du mal à nuancer dans les questions d'amour, c'est tout ou rien! Il aime ou il déteste, et quand il déteste, il a la fâcheuse manie de s'acharner à vouloir détruire! C'est pas joli! Comme un Lion, il accuse l'autre plutôt que lui quand ça va mal et, comme un Scorpion, il peut combattre jusqu'à la mort, ou comme certains Scorpion, il va jusqu'à penser: je trompe, mais l'autre n'a pas le droit!

Sa vie sentimentale est rarement simple. Quand tout est calme, il suscite une action, un événement, afin de rompre l'harmonie ou son discours intérieur. Il a tant de mal à communiquer: les souvenirs déçus du Capricorne prennent le dessus. Cette huitième maison est puissante, elle permet au natif de se réformer totalement, sur le plan mental, jusqu'à déraciner sa douleur.

Sa neuvième maison, celle de la philosophie, de la religion, des voyages, dans le signe de la Vierge, signe de terre rationnel, nous donne un philosophe de la matière. Il peut fort bien calculer ce qui rapporte, et si ça rapporte d'être bon il l'est, si ça ne rapporte pas, il ne l'est plus. La neuvième maison étant un signe double, tout comme pour la Vierge, son idéal penche du côté du plus fort, du plus pratique. Mais la Vierge étant le huitième signe du Verseau, elle symbolise que le natif commencera vers la trente-cinquième année à réfléchir sérieusement à sa philosophie du matérialisme et peut-être en changera-t-il quelques paragraphes. Encore une fois cette position indique le travail, l'acharnement et la progression, non pas par coups de chance mais bel et bien par acharnement. La plupart des Verseau sont croyants, mais pour celui-ci Dieu est une conception humaine, sortie tout droit d'un conte, d'un jeu d'esprit. Quand il verra quelqu'un réussir plus vite que lui, il se demandera ce qu'il a bien pu faire au bon Dieu pour être, lui, encore dans le hall d'entrée. Dieu n'a pas ce calcul. Dieu n'est pas un être punisseur. Aussi longtemps qu'il conservera cette notion de Dieu, qui lui vient la plupart du temps de son héritage familial, il pourrait bien rester dans le hall d'entrée. Dieu est omniprésence, qu'il faut tout simplement bénir et remercier d'être. Pour ce qui est de ses voyages, ils auront à peu près toujours une raison. Il a du mal à se détendre et, même quand il est au loin, il pense au travail qui l'attend. Il lui faudrait faire quelques exercices de détente pour s'éviter des problèmes de santé. Avec de mauvais aspects dans cette maison, le foie peut être menacé.

Sa dixième maison, dans le signe de la Balance, qui représente carrière, associés, mariage dans ce signe vénusien, le natif peut fort bien se retrouver autant dans un monde artistique, créatif que dans celui de la justice, du vêtement, des cosmétiques ou qui touche le monde des artifices chers! Il est autant créateur qu'administrateur. Doué pour les relations publiques, il entre facilement en contact avec autrui. Possibilité qu'il rencontre son conjoint à l'intérieur de sa carrière, quand il est fondé de pouvoir. Cette maison étant en aspect bénéfique avec son Soleil, il peut avoir du succès à travailler en association. Cette position, encore une fois, lui assure du succès dans son entreprise.

VERSEAU ET SES ASCENDANTS

Sa onzième maison, celle des amis, dans le signe du Scorpion, le rend très sélectif dans ses relations amicales. Il pourra connaître une foule de gens, mais il aura peu de confidents. La plupart de ses amis seront rencontrés dans ses relations de travail. Comme il s'agit ici du onzième symbole fixe et du Scorpion, symbole fixe, les vrais confidents le seront jusqu'à sa mort. Cette position indique également des relations sexuelles avec les personnes amies qui, en signe fixe, peuvent le suivre longtemps. La bisexualité ou l'homosexualité peuvent exister si des aspects le confirment dans sa carte natale. Ce natif pourrait également avoir des obsessions sexuelles. La onzième qui relève d'Uranus, permissivité sexuelle, et le Scorpion, la sexualité, nous donnent là une personne qui peut avoir des tendances sexuelles non conformes à la norme établie par cette société.

Sa douzième maison, celle de l'épreuve, dans le signe du Sagittaire, symbole des voyages, de la philosophie, de l'étranger également, indique que le natif peut rencontrer de sérieuses difficultés à l'étranger et se trouver confronté à une philosophie qui s'éloigne de la sienne. Cette maison d'épreuves est en aspect bénéfique avec le Verseau: l'épreuve peut donc apporter une bonne transformation psychique. Le Sagittaire, onzième signe du Verseau — les amis, les chocs, la soudaineté — et qui représente, lui, la philosophie, l'enseignement, le guide, la douzième qui, elle, relève de Neptune du Poissons, les mystères, ce qui est caché, Dieu, l'infini, tout cela nous permet de conclure qu'un jour ce Verseau pourrait rencontrer un ami étranger, philosophe, qui le guiderait vers une nouvelle compréhension à la fois de Dieu et de la vie elle-même. Cette position est symbolique de l'anti-ennemis; si le natif est susceptible d'avoir des ennemis, ceux-ci s'éliminent d'eux-mêmes. Bien que la douzième soit une maison d'épreuves, elle est l'indication de la phase la plus importante de l'évolution profonde du natif. Ici le natif peut vaincre ses peurs par la foi. Sa vie est faite d'une multitude d'incidents et d'accidents de parcours, mais ça n'arrive jamais pour rien. À certaines personnes trop tournées vers elles-mêmes, il faut de plus grosses épreuves afin qu'elles puissent devenir plus généreuses non pas uniquement sur le plan matériel mais aussi sur celui de la pensée elle-même. On est généreux quand on pense du bien d'une telle ou telle personne. On est généreux quand on s'abstient d'écouter les critiques qu'on fait à l'endroit des autres. On est généreux quand on défend un absent qu'on accuse justement parce qu'il est absent. On est généreux quand on aime ses enfants dans la tolérance et l'abstraction de leurs imperfections. On est généreux quand on respecte profondément les désirs et les goûts d'autrui, surtout s'ils ne correspondent pas aux nôtres. On est généreux quand on aime les amis de nos amis. On est généreux quand on aime la vie!

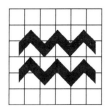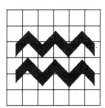 **VERSEAU
ASCENDANT
VERSEAU**

Indépendant, généreux, original, l'ordinaire l'ennuie. La routine lui est insupportable. La stupidité le fait vomir. La guerre lui pue au nez. Il déteste la pauvreté, la maladie, l'injustice, le mensonge, le vol, les fausses croyances, les superstitions, les hésitations, les compromis, les toujours et les jamais.

Il est avec tout et contre tout.

Vous ne pourrez éviter de remarquer cette personnalité, elle explose. Elle déborde par sa présence, par son bavardage intelligent, humoristique, souvent empreint de cynisme et de vérités qui passent assez bien avec de l'humour, malgré tout.

Il est vif, a réponse à tout, et quand on ne parle pas de son domaine il sait écouter, il aime apprendre, comprendre. Il est né curieux et il le restera.

Il est le génie du zodiaque, ou le fou aussi. Au premier coup d'oeil il peut passer pour quelqu'un de bien ordinaire. Il fait un effort pour ne pas trop se faire remarquer, il s'habille d'une manière conventionnelle, il est poli, aimable, discret même! Mais il détonne par son magnétisme.

La vibration qu'il dégage est d'une puissance incroyable, un courant électrique plus fort que tout ce que nous avons présentement. Le monde est bien étroit pour lui. Son esprit est illimité et il le sait. Il est l'être le plus mal adapté sur cette planète, où il faut tout faire correctement, de peur de déranger, de surprendre, de peur de voir tout changer trop vite. Et de devoir se plier à des règles! Quelle horreur!

Il est sociable par amour des gens, par amour de l'esprit des gens. La logique est puissante, les réactions sont rapides, comme l'éclair. Il émet des idées sans arrêt et, comme il est signe fixe,

VERSEAU ET SES ASCENDANTS

il s'arrête sur l'une d'elles et se met à l'exploiter. Puisqu'il doit se comporter comme un humain, autant faire et bien faire.

Dites-lui qu'il a des défauts, il s'en «fiche» éperdument, il vous répondra qu'ils font partie intégrante de sa personnalité. Dites-lui qu'il commet une erreur en posant tel ou tel geste. Il vous répondra que ce sera une expérience de plus! Dites-lui qu'il n'a pas de coeur! Là vous obtiendrez une réaction vive! Il en a un, mais vous n'avez vu que sa raison et son intelligence! La plupart du temps c'est vrai. Il cache une profonde sensibilité, à fleur de peau. S'il devait la laisser s'échapper, il aurait peur de ne plus se contrôler, de perdre contact avec la réalité qu'il a tant de mal à garder...

En amour, vous ne le retiendrez pas. Il peut vous dire qu'il vous aime profondément, pour toujours, et deux minutes plus tard prendre l'avion... et on lui fait un drame! Il ne supporte pas! Ça le brise.

Il se fait des amis partout, qu'il ne garde pas longtemps près de lui, mais vingt ans plus tard, s'il était son ami, il l'est encore!

Double signe fixe, mais le moins fixe de tous, il a l'univers à explorer! Et il aura ensuite beaucoup à vous raconter.

Sa deuxième maison, dans le signe du Poissons, peut lui fournir deux sources de revenus, la Bourse, les placements, tout comme l'enseignement dans un monde bien particulier. L'argent peut également être gagné par les liquides: vente d'alcool, en aspect négatif, vente de la drogue. Comme pour tous les signes qui possèdent à l'ascendant leur signe solaire, vous trouvez là un être excessif, en bien ou en mal. Comme le Verseau est également un symbole excessif d'avant-garde, quel que soit le domaine où il opère, il est difficile de le situer d'une manière officielle. Cette deuxième maison, dans le signe du Poissons qui est en fait le douzième signe du zodiaque, indique que le natif peut faire de l'argent comme de l'eau, mais il peut aussi l'écouler comme de l'eau. Neptune ayant un effet de dissolution dans sa maison d'argent, le natif doit sans cesse surveiller ses transactions et éviter toute illusion. Bien qu'il soit rationnel, quand il en arrive à l'argent il n'est pas certain qu'il soit parfaitement lucide. Le Poissons étant aussi le symbole de l'ennemi caché, il y a un danger que, dans toute sa logique, toute son astuce, ce natif ait oublié un détail dans l'organisation et que l'ennemi surgisse et s'empare de ses profits ou le trahisse. Ce natif peut devenir extraordinairement riche surtout à cause de placements où il excelle d'une manière quasi instinctive, mais il pourrait aussi s'emballer, Neptune de cette deuxième maison l'empêchant de voir sa limite. Comme pour tout autre signe, ce natif peut être bon ou mauvais: un Scorpion-Scorpion et un Verseau-Verseau peuvent engendrer la paix ou la violence. Il aura du mal à voir le juste milieu des choses. Et, c'est là que se trouve le noeud de son évolution. Il y a quatre signes sur le zodiaque qui ont bien du mal à trouver leur équilibre, ils fonctionnent au tout ou rien: Taureau, Lion, Scorpion, Verseau. Avec ces quatre-là on peut rebâtir tout un monde, ou aussi bien tout détruire, tout dépend de quel côté ils penchent. Les astres inclinent à une force, cette même force peut être en position du bien ou du mal et Verseau-Verseau n'en est pas exempt. Il a le double pouvoir d'Uranus: la paix universelle ou la guerre finale et sans retour. Sur le plan individuel, vous avez là un philanthrope, un humaniste, un philosophe, un intellectuel, à la recherche de l'égalité et de la justice au service de tout un peuple. Le Verseau étant un symbole de la foule, de la masse, Verseau-Verseau pourrait bien vouloir se mettre devant mais pourquoi, quel rôle a-t-il envie de tenir? Est-ce pour servir ses frères ou les manipuler? La carte individuelle nous informe là-dessus... Venir au monde Verseau, et surtout Verseau-Verseau, c'est une grande responsabilité où on commence par se prendre en charge avant de prendre en charge toute l'humanité. Il voit grand! Mon père m'a toujours dit que l'ambition tue son homme, ce qui s'applique tellement bien à ce Verseau-Verseau.

Sa troisième maison, dans le signe du Bélier, lui donne un esprit rapide, le sens de la repartie, une capacité peu commune de répondre aux oppositions. Ce natif peut être tantôt comique, tantôt dramatique. Il a une tournure d'esprit très originale, il peut dire les mêmes choses que bien des gens, mais dans un langage bien à lui. Il sait faire passer ses idées. Il a aussi la tête dure. Quand il tient à un projet, il ne démissionne pas. On pourrait même dire qu'il talonne. Cette position le rendant prompt à la réaction, il doit donc surveiller son langage face à certaines personnes dont il ne devine pas toujours l'extrême sensibilité, et il blesse sans le vouloir. Sauf en cas de très mauvais aspects, ce natif n'a rien de méchant. Il n'attaque pas. Il a juste un bon système de défense.

VERSEAU ET SES ASCENDANTS

Sa quatrième maison, dans le signe du Taureau, lui apporte généralement une sécurité matérielle moyenne au foyer. La mère du natif est ici représentée comme une personne soigneuse, attentive, et possessive aussi face au natif qui, lui, peut se rebeller contre ce genre de possessivité. La mère se servira de son influence pour inculquer au natif la sécurité matérielle et l'importance du travail. Elle cherchera à le protéger parce qu'elle l'aime profondément. Elle veut lui transmettre également le sens des valeurs de la famille; avec le Verseau, il pourrait trouver le territoire beaucoup trop limité puisque la famille du Verseau c'est le vaste monde!

Sa cinquième maison, dans le signe du Gémeaux, lui donne de bonnes intentions sentimentales et le goût de la fidélité, mais il aura du mal à s'y adonner. Il aime la conquête qui se fait à partir d'une discussion intellectuelle. Il aime l'intelligence et il confond l'amour et la rationalité ou alors il tombe en amour avec une personne rationnelle. Puis il commence à s'ennuyer! Il n'y trouve pas de sensualité, le plaisir des sens n'étant pas inclus dans l'intelligence comme il aurait aimé qu'il le soit. Le voilà parti de nouveau vers une nouvelle conquête. Il cherche une personne intelligente. Il cherche comme quelqu'un qui ne regarde que les pièces détachées d'une même chose et qui réalise qu'il manque toujours un morceau! Il lui faudra apprendre, au cours de sa vie, qu'un humain a un coeur, un corps, un esprit. Il dissocie ces trois choses, aussi vous le verrez s'enflammer pour une personne qu'il ne connaît pas. Il lui semble en être amoureux, il l'a aperçue, ne lui a pas parlé, ne lui a pas touché, mais son coeur bat; cette personne est sûrement faite pour lui! Il lui parle, la touche et se rend compte qu'il s'est ému pour rien!

Pour ce qui est du corps, il aime bien les nouvelles sensations et il aura du mal à résister à une nouvelle exploration sexuelle. À l'entendre on croirait qu'il fait des études biologiques sur les comportements face à des attitudes et à des attouchements. Une fois l'examen passé, il ne reste plus qu'à faire un résumé et à ranger le dossier dans un classeur. Il y a des personnes avec lesquelles il n'a qu'un contact intellectuel. Il ne ressent aucune sensation et aucune émotion, et pourtant il reste fasciné si on lui apprend quelque chose.

Sa sixième maison, dans le signe du Cancer, maison du travail, dans le symbole de la Lune, indique qu'il y a possibilité de travailler pour la masse. Possibilité aussi d'un travail à la télévision ou en contact avec un grand public, ou encore l'enseigne-ment. La Lune, dans la carte natale, joue un rôle important au sujet de son travail. Le natif est doué pour les achats immobi-liers. Le Cancer l'inspire ainsi que la sixième maison, symbole de la Vierge ou de la raison. Voici donc quelqu'un qui peut res-sentir un besoin, et par la raison, mettre sur pied une entreprise au service de la masse. Il sera doué pour la comptabilité et le domaine artistique ne lui est pas fermé. S'il devient un artiste, il saura fort bien négocier un contrat; et s'il choisit de devenir une personne d'affaires, il saura très bien présenter ses projets avec art, délicatesse, de façon à ce qu'on approuve! Le natif pour-rait mettre sur pied une entreprise à domicile, en collaboration avec la famille. Dans le cas d'une personne qui a un bureau, il y sera plus souvent qu'à la maison. S'il est un bâtisseur d'entre-prises, il y a de fortes chances qu'il passe la majorité de son temps sur le chantier.

Sa septième maison, celle du conjoint, dans le signe du Lion, signe opposé à son Soleil, fait qu'avec de mauvais aspects ou des oppositions dans cette maison le mariage devient difficile à tenir! Le natif sera attiré par des personnes du style vedette! Il aime bien se balader au bras d'une personne qu'on remarquera. Cette septième étant dans un signe fixe, s'il devait y avoir divorce, cela pourrait prendre un long moment avant que ça se produise. Pour vivre une union heureuse, il faudra que le conjoint respecte la liberté du Verseau et l'aime! Pour sa part, il peut aimer, mais il aura peu de temps pour le dire et le prouver. Dans le cas des hommes de ce signe, il n'est pas rare d'entendre qu'ils paient alors que madame se dit satisfaite! Dans le cas d'une femme, elle sera très exigeante envers son conjoint, elle le voudra fort et puissant! Parfait! Pour vivre avec ces natifs, qu'ils soient mas-culins ou féminins, il faut avoir une bonne dose d'humour et un gros paquet d'indépendance, et surtout ne pas trop s'en faire pour les retards qui surviennent régulièrement. Les Verseau n'ont pas la notion du temps, et ce n'est guère mieux avec le Verseau-Verseau.

Sa huitième maison, celle des transformations, dans le signe de la Vierge, donne ici l'indice d'une fidélité sexuelle douteuse! Ce natif peut se laisser facilement tenter par l'aventure, la nou-velle expérience. Il pourra vous dire lui-même qu'il fait une expé-rience intellectuelle, comme de nombreux Verseau d'ailleurs, mais celui-ci aura encore plus d'explications à vous donner au sujet de son aventure: elle n'avait rien d'ordinaire, et ça s'est passé comme dans les films! Avec de mauvais aspects dans cette maison, le natif est alors sujet à des troubles génitaux, à des maladies vénériennes. Cette position indique également, au cas où le natif deviendrait riche, ce qui arrive à de nombreux Verseau: il devra, une fois en possession de sa fortune, se méfier de ceux qui lui proposent des investissements sujets à des fluctuations dangereuses.

Sa neuvième maison, dans le signe de la Balance, en fait un excellent avocat ou une personne qui s'arrange très bien avec tout ce qui touche la légalité et les gouvernements. Il sera le plus souvent d'une nature et d'une allure chic. Il aime se faire remarquer comme étant quelqu'un! Vous ne l'aurez vu qu'une seule fois et vous vous souviendrez de lui, il se démarque. Encore une fois cette position fait qu'il se sent attiré vers les arts, le monde de la communication. Il est d'ailleurs très habile pour établir des relations et s'en servir. Le plus souvent le conjoint de ce natif sera bon, et il arrive que le natif abuse de ses bontés! C'est à lui d'y voir. Il attirera un partenaire qui aime les enfants, et il pourra être stimulé par le conjoint dans son ascension. Il sait apprécier les voyages, les vacances. Là-dessus il diffère des autres Verseau qui ont bien du mal à s'arrêter. Possibilité que le travail le fasse voyager dans un contexte spécial où il établit des relations diplomatiques où il fait échange de commerce, ce qui peut favoriser l'expansion de son entreprise.

Sa dixième maison, dans le signe du Scorpion, lui donne le goût et la soif du pouvoir. Cette position le rend habile à manipuler l'argent des autres et à le faire fructifier, une part du profit lui revenant naturellement. Il pourra rencontrer, à ses débuts, de nombreuses difficultés. Il a l'art de s'emballer et le Verseau, quand il est jeune, est généralement naïf, et comme il lui arrive de se faire avoir, alors attention il devient plus méfiant que n'importe qui sur le zodiaque et s'il sent que vous allez le tromper, vous risquez gros, car il peut à son tour vous retourner votre jeu de passe! Ce natif peut vous raconter, par exemple, qu'il n'est pas ambitieux, mais n'allez surtout pas le croire! Il ne veut pas vous écraser pour passer devant, mais si à tout hasard vous êtes son compétiteur, vous devrez déployer beaucoup d'énergie pour ne pas vous retrouver loin en arrière. Il ne vous donnera aucune chance. Possibilité que le natif n'ait pas été choyé par son père qui a pu être rigide et non communicatif avec lui. La mort du père peut ou pourra changer la mentalité du natif face un tas de choses sur la vie.

Sa onzième maison, dans le signe du Sagittaire, maison des amis venant de partout, indique qu'il pourra avoir de nombreux amis étrangers. Possibilité aussi qu'il vive à l'étranger hors de son lieu de naissance. C'est l'indice d'un Verseau qui fréquente les gens bien, tel ou tel autre, ceux qui ont de l'influence et de l'argent. Possibilité qu'il ait des amis haut placés. Position qui encore une fois favorise les rapports avec les gouvernements et qui favorise les voyages payés, aux frais d'une compagnie, d'un gouvernement, invitation diplomatique. Il y a également possibilité que le natif s'implique un jour en politique.

Sa douzième maison, celle de l'épreuve dans le signe du Capricorne, ramène l'idée que le natif a pu avoir quelques problèmes à cause de son père. Mésentente, mauvaise communication. Ce natif, en tant que parent, pourrait être un peu trop autoritaire ou ne pas communiquer suffisamment avec sa progéniture, ce qui peut lui créer un jour un problème avec ses enfants. Il devra surveiller ses os, il pourrait souffrir d'arthrite, par exemple. Il n'est pas exempt de problèmes de dos, de la colonne vertébrale. Bizarrement, c'est souvent la maladie, l'inertie, l'immobilité qui font évoluer ce natif. Il réfléchit. Le Verseau-Verseau peut être vu dans toute sa splendeur, c'est un être à succès. En cas de nombreux mauvais aspects sur son Soleil, il est alors le maître de la bêtise. Il est le double symbole d'Uranus et, sous son action, tout saute, pour faire place à du neuf.

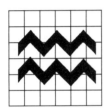 

VERSEAU ASCENDANT POISSONS

C'est le sensible, le tourmenté, il met du temps avant de s'imposer ou alors il le fait à temps partiel, quand les eaux de Neptune ne sont trop houleuses!

Il est complexé, vous vous en rendrez compte rapidement. Il se demandera même si son sourire vous plaît, s'il vous est agréable, si les couleurs qu'il porte ne vous offensent pas. S'il arrive un peu trop tôt à un rendez-vous, il s'excuse de déranger. S'il est en retard, il se mettra presque à pleurer de vous avoir fait attendre... trois minutes...

Le réel et l'imaginaire se confondent. Il peut aussi bien être un devin, un astrologue, un cartomancien, comme il peut pencher du côté de l'alcool, de la drogue, du monde de l'illusion, du monde de l'invisible.

Poissons, signe d'eau, l'océan à l'infini; Verseau, l'espace!

Le Poissons régit les ondes maritimes, le Verseau régit les ondes électriques! Il y a l'eau et l'air. Comment vont-il se rencontrer? L'eau s'évapore dans l'air et retombe dans l'eau. L'air agite l'eau, la met en mouvement.

VERSEAU ET SES ASCENDANTS

Les idées actionnent toutes les cordes sensibles, mais il arrive que tout se joue en même temps, dans le chaos et la confusion.

Il faut regarder le désordre sans s'énerver, c'est souvent du désordre le plus absolu que naît une invention!

Ce Verseau est prêt à vivre toutes les expériences, aussi faut-il qu'il soit bien orienté dans sa jeunesse pour lui éviter l'éparpillement, et pour qu'il puisse concrétiser une de ses idées qui ne peut être ordinaire.

La puissance subconsciente et l'inspiration ne lui font pas défaut. Il a une grande influence sur l'entourage, invisible, du moins imperceptible à la plupart d'entre nous. Il peut vous transformer s'il pense que vous devriez être autrement. Il ne vous dira rien, mais le fluide qui émane de lui vous touchera.

Il peut devenir un excellent guérisseur, un magnétiseur, un hypnotiseur, un manipulateur!

Il est rare qu'il se rende compte qu'il possède autant de force. De toute manière, on passe son temps à lui répéter qu'il n'est qu'un rêveur irréaliste.

Il n'est pas ordinaire.

S'il s'oriente vers la métaphysique, la philosophie, la religion, la foi, il y trouvera une raison de vivre parce que ces domaines quittent la sphère du quotidien terne et routinier et permettent à l'esprit de s'élever pour ensuite redescendre utilement pour tous les humains. Ce signe ne touche jamais qu'une seule personne à la fois, il déplace la foule.

Sa responsabilité humaine est plus grande qu'il ne le soupçonne. Il faut lui souhaiter qu'un jour sur sa route il rencontre l'illumination qui fera de lui un être éclairé qui apporte la lumière à cette humanité souffrante!

Sa deuxième maison, dans le signe du Bélier, troisième signe du Verseau, le porte souvent à vouloir gagner sa vie rapidement. Il peut être bon vendeur, que ce soit d'un produit ou d'une idée. Il peut aussi être un bon prêcheur quand il est persuadé de sa doctrine. Il est tout de même inquiet au sujet de l'argent. Le Verseau de notre temps aime l'argent parce qu'il est l'emblème du pouvoir. Ce natif s'inquiète parfois de ne pas chercher lui-même le pouvoir alors qu'au fond de lui il le désire! L'argent peut très bien rentrer dans ses caisses, mais il n'en a jamais assez. Il économise sans arrêt et ne s'offre aucun plaisir, ou il dépense sans arrêt et ne peut jamais s'offrir un gros plaisir! Pour lui, l'argent ça devrait venir tout seul, sans qu'on ait à faire d'efforts! Mais ce n'est pas tout à fait ce qui se passe. S'il veut devenir riche, il devra mettre du sien, trouver une direction. Élevé par exemple, dans un milieu louche, il pourrait tricher et voler! Élevé dans un milieu non stimulant, il pourrait devenir passif et attendre qu'on s'occupe de lui. Il devra faire l'effort de se stimuler lui-même et de n'attendre après personne. Plutôt que de rêver d'être riche, il devra se mettre en route. Une fois lancé, comme le Verseau n'a pas la notion du temps, il ne se rendra pas compte que ça lui a pris dix ans pour remplir ses caisses!

Sa troisième maison, dans le signe du Taureau, quatrième signe du Verseau, indique qu'il y a possibilité qu'on n'ait que très peu stimulé sa créativité. La mère est présentée comme une personne nerveuse qui donne plusieurs directives à la fois sans en prendre aucune elle-même pour donner l'exemple.

Ce natif a pu avoir de nombreux déplacements dans sa jeunesse, déménagements, instabilité pour toutes sortes de raisons. Il a pu se révolter contre sa mère, mais sans vraiment agir. Il a agi à l'intérieur, mais il n'a pas réagi vers son autonomie.

Sa quatrième maison, dans le signe du Gémeaux, encore une fois indique un foyer tout plein d'idées. Mais laquelle est la meilleure? Il aura du mal à le savoir. Possibilité qu'on l'ait approuvé alors qu'il ne méritait pas grand-chose et qu'on l'ait puni pour une peccadille. Ce natif n'a pas eu une enfance simple le plus souvent, il cache de nombreux secrets plus ou moins agréables avec lesquels il vit car il ne peut les confier, il a du mal à les livrer. Il a de la difficulté à ajuster sa pensée, il entend des opinions contraires et il se demande qui a raison. Il peut aussi bien approuver de deux côtés à la fois! On le croira menteur quand on l'apprendra. Il ne voulait surtout pas de dispute, et il aurait aimé faire plaisir à tout le monde! Cette position favorise les écrivains, car l'imagination est fertile. Elle va dans toutes les directions à la fois et s'invente des situations, des personnages.

Sa cinquième maison, dans le signe du Cancer, indique que le natif n'a pas eu une grande résistance physique dans sa jeunesse. Trop émotif et vulnérable, il tombe malade afin qu'on prenne soin de lui. Cette position favorise ceux qui travaillent dans un domaine artistique. Le natif est habile de ses mains, il est créatif et peut faire ce qu'il veut.

Il fait également un bon acteur. Le fait de jouer un rôle lui permet en même temps de trouver une identité et de plaire. Il aime le vedettariat, la foule, surtout s'il se trouve des aspects dans cette maison. Il peut très bien se retrouver dans un domaine médical. Il est agréable aux enfants et de bonne compagnie pour eux, il est leur égal sur le plan du rêve et de l'imagination.

Sa sixième maison, celle du travail, dans le signe du Lion, signe opposé au sien, fait qu'il rencontre son conjoint sur les lieux de son travail. Il aura tendance, s'il se marie, à n'être jamais certain d'avoir choisi la bonne personne. Il est sujet à vivre des arrêts de travail imputables à une situation collective. Il n'en est pas responsable. Vu sa sensibilité, le natif pourrait souffrir d'une fragilité du coeur, ou d'une mauvaise circulation sanguine.

Sa septième maison, qui se trouve dans le signe de la Vierge, indique que le natif, vu son insécurité, pourrait pour un premier conjoint (ici il a une forte tendance à deux unions) attirer à lui un esprit critique qui, finalement, le détruit. Cette septième maison, également le huitième signe du Verseau, provoque une rupture qui transforme complètement la mentalité du Verseau. Il est possible qu'il en ressorte plus fort, plus sûr de lui, mais il n'est pas exempt d'une petite dépression! Il s'en relèvera cependant. Le conjoint peut être une personne extrêmement pratique, qui aime l'économie au maximum, et parfois jusqu'à l'exagération. Si le natif est dépensier, il pourrait y trouver son équilibre! S'il est économe lui-même, cela pourrait provoquer de sérieuses disputes.

Sa huitième maison, dans le signe de la Balance, lui fait rêver d'une grande justice! Ce natif peut être fortement attiré par les religions, les sectes. Avec des aspects qui incitent aux excès, en relation avec cette maison, il peut même devenir fanatique. Sans s'en rendre compte, il se fait dépendant d'un groupe, d'une communauté où il peut perdre son identité; il se marie, en fait, avec une idée, un rite, une liturgie. Il peut devenir si radical qu'il rejette tout ce qui ne fait pas partie de ses propres croyances.

Sa neuvième maison, dans le signe du Scorpion, les voyages, sous l'emblème de Pluton, exploration intérieure. Cette exploration peut être due à une sorte de dépression. Avec de bons aspects dans cette maison, le natif fait un bon psychologue, un bon psychiatre. Il analyse, il veut une réponse à la dimension humaine. Où va-t-elle? D'où vient-elle? Encore une fois, cette position, avec de mauvais aspects, indique le fanatisme au nom d'une idéologie.

Sa dixième maison, dans le signe du Sagittaire, indique que, le plus souvent, c'est loin de son lieu de naissance que le natif commence à vivre. Il est plus chanceux hors du territoire qui l'a vu naître que chez lui. Cette position indique qu'il peut être acteur. À peu près tous les rôles lui conviennent. Il sait s'adapter aux circonstances de son personnage. Position qui, encore une fois, favorise la médecine et la politique, tout dépend des aspects de Saturne et de Jupiter dans sa carte natale. C'est surtout vers l'âge de vingt-neuf ans que le natif se découvre et est enfin capable de passer à l'action, de la soutenir jusqu'au bout. Cette étape est importante et trouvera sa finalité dans sa trente-cinquième année. Mission accomplie. Il ne reste qu'à poursuivre. Le Verseau, à quarante ans, se transforme sous l'effet d'Uranus et il devient finalement ce qu'il a toujours voulu être, s'il y a mis des efforts naturellement.

Sa onzième maison, dans le signe du Capricorne, ne lui procure pas beaucoup d'amis, mais ils seront sérieux et stables. Ils seront souvent ses conseillers. Il pourrait avoir gardé plusieurs amis d'enfance. Plus il vieillit, plus il est en mesure de prendre ses responsabilités et il cesse de se sentir coupable de ce qui arrive à ceux qui l'entourent. Attitude qui peut avoir paralysé son action et retardé son éclosion.

Son Soleil se trouve en douzième maison, ce qui indique rarement une vie simple. Les obstacles surviennent sans prévenir. Arrêt de travail. Argent prêté qui n'est pas remboursé. Cette position incline à la recherche de la solitude pendant longtemps parce que le natif a du mal à communiquer, à s'identifier, et il craint d'être jugé ou critiqué. Position qui tend à lui faire développer quelques complexes. La douzième maison favorise la médecine, le travail de recherche en laboratoire, ce qui, en fait, demande une sorte de réclusion et une quasi-abstraction de soi.

Il n'est pas facile de définir ce natif. Un Verseau émotif, ça complique les choses. Il n'est plus uniquement un raisonneur, mais aussi un être ultra-sensible! Il peut manipuler, comme il peut lui-même être le manipulateur. C'est à lui de choisir sa vie quand il en a l'âge et s'il a eu une enfance difficile, il n'a pas à trouver d'excuses pour ne pas agir en vieillissant, il est trop intelligent pour ça.

Chales : sagittaire asc. poisson

4:36
12
4:48 + 2 = 6h48

22h13

8h17

21:12

30h30
24h00

5h12   6h30
16
28

17h54
13h00

30 54
24

5h28
12h00

124   8h44

LE CALCUL DE L'ASCENDANT

Voici une méthode très simple qui permet de calculer son ascendant.

1. Il faut connaître son heure de naissance.

2. Si on est né à une date où l'heure d'été était en vigueur, il faut soustraire une heure à son heure de naissance. (Voir au tableau des heures d'été.)

3. On cherche sur le tableau des heures sidérales le temps sidéral du jour de sa naissance. Si notre date de naissance n'y est pas indiquée, il faut choisir la date précédente la plus rapprochée et ajouter quatre minutes par jour qui sépare cette date de notre jour de naissance. Disons, par exemple, que vous êtes né le 14 avril. Le tableau donne le temps sidéral pour le 10 avril, soit 13:10. Comme quatre jours séparent le 10 avril du 14 avril, il faut ajouter quatre fois quatre minutes, soit 16 minutes. On obtient donc un temps sidéral du jour de votre naissance si vous êtes né un 14 avril. N'oubliez pas que si le total des minutes dépasse 60, il faut soustraire 60 de ce total et ajouter une heure. Par exemple 06:54 plus 12 minutes. On obtient 06:66, ce qui donne en fait 07:06.

4. On ajoute à l'heure de la naissance le temps sidéral du jour de la naissance qu'on a trouvé au tableau des heures sidérales. C'est l'heure sidérale de la naissance. Si on obtient ici un total qui dépasse 24 heures, il faut soustraire 24 heures du total obtenu. Par exemple, si on obtient 32:18 on soustrait 24 heures de 32:18. Ce qui nous donne 08:18. C'est l'heure sidérale de la naissance.

5. On cherche ensuite au tableau des ascendants le signe qui correspond au temps sidéral de la naissance que vous avez trouvé à l'opération précédente. Ce signe est votre ascendant.

TABLEAU DES HEURES SIDÉRALES

Bélier

22 mars	11:54	1 avril	12:34	15 avril	13:29
26 mars	12:10	5 avril	12:50	20 avril	13:49
31 mars	12:30	10 avril	13:10		

Taureau

21 avril	13:53	1 mai	14:33	15 mai	15:28
25 avril	14:09	5 mai	14:48	21 mai	15:51
30 avril	14:29	10 mai	15:08		

Gémeaux

22 mai	15:55	1 juin	16:35	15 juin	17:30
26 mai	16:07	5 juin	16:51	21 juin	17:54
31 mai	16:31	10 juin	17:10		

Cancer

22 juin	17:58	1 juillet	18:33	15 juillet	19:28
26 juin	18:13	5 juillet	18:49	19 juillet	19:44
30 juin	18:29	10 juillet	19:09	22 juillet	19:56

Lion

23 juillet	20:00	1 août	20:35	16 août	21:34
27 juillet	20:16	5 août	20:51	22 août	21:58
31 juillet	20:31	10 août	21:11		

Vierge

23 août	22:02	1 sept.	22:37	15 sept.	23:33
28 août	22:22	5 sept.	22:53	21 sept.	23:56
31 août	22:34	10 sept.	23:13		

Balance

22 sept.	00:00	1 oct.	00:36	15 oct.	01:31
26 sept.	00:16	5 oct.	00:52	20 oct.	01:51
30 sept.	00:32	10 oct.	01:11	23 oct.	02:03

Scorpion

24 oct.	02:06	1 nov.	02:38	16 nov.	03:37
28 oct.	02:22	5 nov.	02:54	22 nov.	04:01
31 oct.	02:34	10 nov.	03:13		

Sagittaire

23 nov.	04:05	1 déc.	04:36	16 déc.	05:35
27 nov.	04:20	5 déc.	04:52	21 déc.	05:55
30 nov.	04:32	10 déc.	05:12		

Capricorne

22 déc.	05:59	1 janv.	06:39	15 janv.	07:34
26 déc.	06:15	5 janv.	06:54	20 janv.	07:53
31 déc.	06:35	10 janv.	07:14		

Verseau

21 janv.	07:57	1 fév.	08:41	15 fév.	09:36
26 janv.	08:17	5 fév.	08:56	19 fév.	09:52
31 janv.	08:37	10 fév.	09:16		

Poissons

20 fév.	09:56	1 mars	10:31	16 mars	11:30
24 fév.	10:11	5 mars	10:47	21 mars	11:50
28 fév.	10:27	10 mars	11:07		

TABLEAU DES ASCENDANTS

L'ascendant est dans le BÉLIER entre 18:00 et 19:04.
L'ascendant est dans le TAUREAU entre 19:05 et 20:24.
L'ascendant est dans le GÉMEAUX entre 20:25 et 22:16.
L'ascendant est dans le CANCER entre 22:17 et 00:40.
L'ascendant est dans le LION entre 00:41 et 03:20.
L'ascendant est dans la VIERGE entre 03:21 et 05:59.
L'ascendant est dans la BALANCE entre 06:00 et 08:38.
L'ascendant est dans le SCORPION entre 08:39 et 11:16.
L'ascendant est dans le SAGITTAIRE entre 11:17 et 13:42.
L'ascendant est dans le CAPRICORNE entre 13:43 et 15:33.
L'ascendant est dans le VERSEAU entre 15:34 et 16:55.
L'ascendant est dans le POISSONS entre 16:56 et 17:59.

TABLEAU DE L'HEURE D'ÉTÉ

Au Québec, l'heure avancée, ou heure d'été, a été en vigueur entre les dates suivantes.

1920 du 2 mai au 3 octobre.
1921 du 1er mai au 2 octobre.
1922 du 30 avril au 1er octobre.
1923 du 13 mai au 30 septembre.
1924 du 27 avril au 28 septembre.
1925 du 26 avril au 27 septembre.
1926 du 25 avril au 26 septembre.
1927 du 24 avril au 25 septembre.
1928 du 29 avril au 30 septembre.
1929 du 28 avril au 29 septembre.
1930 du 27 avril au 28 septembre.
1931 du 26 avril au 27 septembre.
1932 du 24 avril au 25 septembre.
1933 du 30 avril au 24 septembre.
1934 du 29 avril au 30 septembre.
1935 du 28 avril au 29 septembre.
1936 du 26 avril au 27 octobre.
1937 du 25 avril au 26 septembre.
1938 du 24 avril au 25 septembre.
1939 du 30 avril au 24 septembre.
1940 du 28 avril
      puis tout le reste de l'année.
1941 toute l'année.
1942 toute l'année.
1943 toute l'année.
1944 toute l'année.
1945 jusqu'au 30 septembre.
1946 du 28 avril au 29 septembre.
1947 du 27 avril au 28 septembre.
1948 du 25 avril au 26 septembre.
1949 du 24 avril au 25 septembre.
1950 du 30 avril au 24 septembre.
1951 du 29 avril au 30 septembre.
1952 du 27 avril au 28 septembre.
1953 du 26 avril au 27 septembre.
1954 du 25 avril au 26 septembre.
1955 du 24 avril au 25 septembre.

1956 du 29 avril au 30 septembre.
1957 du 28 avril au 27 octobre.
1958 du 27 avril au 26 octobre.
1959 du 26 avril au 25 octobre.
1960 du 24 avril au 30 octobre.
1961 du 30 avril au 29 octobre.
1962 du 29 avril au 28 octobre.
1963 du 28 avril au 27 octobre.
1964 du 26 avril au 25 octobre.
1965 du 25 avril au 31 octobre.
1966 du 24 avril au 30 octobre.
1967 du 30 avril au 29 octobre.
1968 du 28 avril au 27 octobre.
1969 du 27 avril au 26 octobre.
1970 du 26 avril au 25 octobre.
1971 du 25 avril au 31 octobre.
1972 du 30 avril au 29 octobre.
1973 du 29 avril au 28 octobre.
1974 du 28 avril au 27 octobre.
1975 du 27 avril au 26 octobre.
1976 du 25 avril au 31 octobre.
1977 du 24 avril au 30 octobre.
1978 du 30 avril au 29 octobre.
1979 du 29 avril au 28 octobre.
1980 du 27 avril au 26 octobre.
1981 du 26 avril au 25 octobre.
1982 du 25 avril au 31 octobre.
1983 du 24 avril au 30 octobre.
1984 du 29 avril au 28 octobre.
1985 du 28 avril au 27 octobre.
1986 du 27 avril au 26 octobre.
1987 du 26 avril au 25 octobre.
1988 du 3 avril au 30 octobre.
1989 du 2 avril au 29 octobre.
1990 du 1er avril au 27 octobre.
1991 du 6 avril au 26 octobre.
1992 du 5 avril au 31 octobre.

Nous vivons dans un monde électromagnétique et la Lune peut devenir meurtrière pour les individus qui n'ont pas un bon équilibre psychique. L'influence de la Lune aboutit souvent à des tensions sociales, à des événements malheureux ou bizarres. Notre société a bien du mal à accepter l'aspect intuitif de la nature humaine.

On tient cas du rationnel dans un monde où seul un comportement raisonnable est accepté. Les vagues de désespoir dans notre société deviennent plus évidentes vues sous la lumière de la Lune. Il a été constaté par différents astrologues que le mouvement de la Lune, une pleine Lune ou une nouvelle Lune, accentue les tensions internes, et mène parfois à poser un acte contre la vie, la sienne ou celle d'autrui, ou à se laisser aller à des crises d'angoisse ou à toutes sortes de manifestations destructrices.

Le sachant, l'individu peut alors se contrôler, et ne point se laisser aller à la dépression s'il en a la tendance. Une certaine vigilance face au mouvement de la Lune et des planètes peut nous enseigner un emploi du temps approprié à nos besoins et nous permettre de vivre en harmonie avec les forces environnantes.

«Les astres inclinent mais ne déterminent pas.»

Les vrais astrologues ont adopté cet adage depuis plusieurs siècles. L'homme vient au monde avec certaines tendances négatives qu'il peut corriger et des forces qu'il peut développer. Voilà à quoi sert l'astrologie.

VERSEAU

NOUVELLE LUNE 1992

4 JANVIER	1 JUIN	25 OCTOBRE
3 FÉVRIER	30 JUIN	24 NOVEMBRE
4 MARS	29 JUILLET	24 DÉCEMBRE
3 AVRIL	28 AOÛT	
2 MAI	26 SEPTEMBRE	

PLEINE LUNE 1992

19 JANVIER	16 MAI	12 SEPTEMBRE
18 FÉVRIER	15 JUIN	11 OCTOBRE
18 MARS	14 JUILLET	10 NOVEMBRE
17 AVRIL	13 AOÛT	9 DÉCEMBRE

NOUVELLE LUNE 1993

22 JANVIER	21 MAI	16 SEPTEMBRE
21 FÉVRIER	20 JUIN	15 OCTOBRE
23 MARS	19 JUILLET	13 NOVEMBRE
21 AVRIL	17 AOÛT	13 DÉCEMBRE

PLEINE LUNE 1993

8 JANVIER	4 JUIN	30 OCTOBRE
6 FÉVRIER	3 JUILLET	29 NOVEMBRE
8 MARS	2 AOÛT	28 DÉCEMBRE
6 AVRIL	1 SEPTEMBRE	
6 MAI	30 SEPTEMBRE	

NOUVELLE LUNE 1994

11 JANVIER	10 MAI	5 SEPTEMBRE
10 FÉVRIER	9 JUIN	5 OCTOBRE
12 MARS	8 JUILLET	3 NOVEMBRE
11 AVRIL	7 AOÛT	1 DÉCEMBRE

PLEINE LUNE 1994

27 JANVIER	25 MAI	19 SEPTEMBRE
26 FÉVRIER	23 JUIN	19 OCTOBRE
27 MARS	22 JUILLET	18 NOVEMBRE
25 AVRIL	21 AOÛT	18 DÉCEMBRE

NOUVELLE LUNE 1995

1 JANVIER	29 MAI	24 OCTOBRE
30 JANVIER	28 JUIN	22 NOVEMBRE
1 MARS	27 JUILLET	22 DÉCEMBRE
31 MARS	26 AOÛT	
29 AVRIL	24 SEPTEMBRE	

PLEINE LUNE 1995

16 JANVIER	14 MAI	9 SEPTEMBRE
15 FÉVRIER	13 JUIN	8 OCTOBRE
17 MARS	12 JUILLET	7 NOVEMBRE
15 AVRIL	10 AOÛT	7 DÉCEMBRE

NOUVELLE LUNE 1996

20 JANVIER	17 MAI	12 SEPTEMBRE
18 FÉVRIER	16 JUIN	12 OCTOBRE
19 MARS	15 JUILLET	11 NOVEMBRE
17 AVRIL	14 AOÛT	10 DÉCEMBRE

PLEINE LUNE 1996

5 JANVIER	1 JUIN	26 OCTOBRE
4 FÉVRIER	1 JUILLET	25 NOVEMBRE
5 MARS	30 JUILLET	24 DÉCEMBRE
4 AVRIL	28 AOÛT	
3 MAI	27 SEPTEMBRE	

NOUVELLE LUNE 1997

9 JANVIER	5 JUIN	31 OCTOBRE
7 FÉVRIER	4 JUILLET	30 NOVEMBRE
9 MARS	3 AOÛT	29 DÉCEMBRE
7 AVRIL	1 SEPTEMBRE	
6 MAI	1 OCTOBRE	

PLEINE LUNE 1997

23 JANVIER	22 MAI	16 SEPTEMBRE
22 FÉVRIER	20 JUIN	14 NOVEMBRE
24 MARS	20 JUILLET	14 DÉCEMBRE
22 AVRIL	18 AOÛT	

NOUVELLE LUNE 1998

28 JANVIER	25 MAI	20 SEPTEMBRE
26 FÉVRIER	24 JUIN	20 OCTOBRE
28 MARS	23 JUILLET	19 NOVEMBRE
26 AVRIL	22 AOÛT	18 DÉCEMBRE

PLEINE LUNE 1998

12 JANVIER	11 MAI	6 SEPTEMBRE
11 FÉVRIER	10 JUIN	5 OCTOBRE
13 MARS	9 JUILLET	4 NOVEMBRE
11 AVRIL	8 AOÛT	3 DÉCEMBRE

CONCLUSION

Ce livre a pour but la connaissance de soi. Je ne puis avoir de la volonté à votre place. Ce que vous n'aimez pas de vous, vous devrez trouver un moyen de l'extirper de votre âme, votre coeur, votre subconscient, que ce soit par une thérapie de votre choix ou en lisant des livres qui vous enseignent à vous reprogrammer à partir de la blessure que vous avez subie ou que vous vous êtes infligé. Ce que nous sommes et que nous n'aimons pas n'est la faute de personne. C'est la nôtre, la vôtre. Ce que vous serez, vous ne le devez qu'à vous-même et à personne. Une carte du ciel bien faite peut donner des indices sur notre séjour antérieur dans une autre vie que celle que nous menons maintenant. Le thème astral peut causer beaucoup sur le sujet ou peu, ça dépend de chaque individu, de ce que sa naissance veut bien lui révéler. Je travaille présentement sur le «karma» et dans deux ou trois années je pourrai vous apporter du concret, de l'«adaptable». Vous reconnaîtrai l'autre que vous étiez, celui qui est, celui qui se transforme.

IMPRIMERIE QUEBECOR
L'ÉCLAIREUR
24054